GABRIELA RODRIGUES MANZKE

O CURSO TÉCNICO EM AGROPECUÁRIA DO CaVG

um estudo de caso acerca da percepção do professorado em relação ao princípio integrador - produto

Volume 2

Coleção O Ensino Técnico Integrado

Editora CRV

Gabriela Rodrigues Manzke

O CURSO TÉCNICO EM AGROPECUÁRIA DO CAVG:
um estudo de caso acerca da percepção do professorado em relação ao princípio integrador – produto

Coleção O Ensino Técnico Integrado

Volume 2

Editora CRV
Curitiba – Brasil
2020

Editor-chefe: Railson Moura
Diagramação e Capa: Designers da Editora CRV
Arte da Capa: Gabriel Marques da Silva e Bianca Nizzola Gregoletto
Revisão: Analista de Escrita e Artes

CIP-BRASIL. CATALOGAÇÃO NA PUBLICAÇÃO
SINDICATO NACIONAL DOS EDITORES DE LIVROS, RJ
Bibliotecária responsável: Camila Donis Hartmann - CRB-7/6472

C986

O curso técnico em agropecuária do CaVG : um estudo de caso acerca da percepção do professorado em relação ao princípio integrador : produto / Gabriela Rodrigues Manzke. - 1. ed. - Curitiba [PR] : CRV, 2020.
86 p. (O ensino técnico integrado ; 2)

Bibliografia
ISBN COLEÇÃO Digital 978-65-5868-137-3
ISBN COLEÇÃO Físico 978-65-5868-119-9
ISBN VOLUME Digital 978-65-5868-126-7
ISBN VOLUME Físico 978-65-5868-135-9
DOI 10.24824/978655868135.9

1. Agropecuária. 2. Ensino técnico - Brasil. 3. Ensino profissional. 4. Ensino médio. I. Manzke, Gabriela Rodrigues. II. Série.

20-66767 CDD: 630.71
CDU: 373.5:63

2020
Foi feito o depósito legal conf. Lei 10.994 de 14/12/2004

Tel.: (41) 3039-6418 - E-mail: sac@editoracrv.com.br
Conheça os nossos lançamentos: **www.editoracrv.com.br**

Este livro passou por avaliação e aprovação às cegas de dois ou mais pareceristas *ad hoc*.

Dedico este trabalho àquelas que dão sentido à minha vida e me fazem ter forças para nunca desistir, às minhas filhas Maria Edurda e Joana. Aos meus pais, Vitor e Joséti, minhas inspirações como professores e meus exemplos de carinho e dedicação à família. Aos meus irmãos Vitor, Gabriel e Sabrina, por me mostrarem o verdadeiro sentido do amor e da amizade.

INTRODUÇÃO À COLEÇÃO

A coleção intitulada **"O Ensino Técnico Integrado"** está composta por dois volumes, sendo o **Volume 1:** *O curso técnico em agropecuária do CaVG: um estudo de caso acerca da percepção do professorado em relação ao princípio integrador* e o **Volume 2:** *O curso técnico em agropecuária do CaVG: um estudo de caso acerca da percepção do professorado em relação ao princípio integrador – produto.*

Ambas as publicações apresentam a dissertação de mestrado da autora. Nesta coleção o trabalho é dividido em dois momentos diferentes: primeiro a trajetória acadêmica, os aportes teóricos e os objetivos que a motivaram a realização de tal pesquisa; e, no segundo, a escolha do caminho a ser percorrido, bem como os resultados e a discussão do que foi registrado e, ao final, o produto educacional construído ao longo de todo o processo.

INTRODUÇÃO AO VOLUME 2

Em continuidade ao Volume 1, este volume mostra o caminho percorrido para atingir os objetivos do trabalho, em que se optou por uma pesquisa de cunho qualitativo, integrando uma pesquisa documental a um estudo de caso. Sendo assim, os dados foram coletados por meio de entrevistas e análise documental, em que os sujeitos de pesquisa serão professores da Área de Formação Técnica (AFT). Para analisar as informações coletadas, estipulou-se a estratégia metodológica de Análise de Conteúdo, procurando identificar na fala dos sujeitos de pesquisa, os professores, as evidências que indiquem caminhos metodológicos que revelem uma visão inicial da ocorrência do princípio integrador de forma integrada entre os conhecimentos vinculados às Áreas de Formação Geral (AFG) e AFT.

SUMÁRIO

PREFÁCIO

Gratamente recebi o convite para apresentar o produto educacional que acompanha a dissertação "O CURSO TÉCNICO EM AGROPECUÁRIA DO CaVG: UM ESTUDO DE CASO ACERCA DA PERCEPÇÃO DO PROFESSORADO EM RELAÇÃO AO PRINCÍPIO INTEGRADOR", a qual considero uma proposta ousada, pois foca na questão da construção do ensino integrado na educação profissional, em nível médio.

Todos que trabalham com a educação profissional de nível médio sabem o quanto é desafiante a integração entre as áreas, e a professora Gabriela, ao encontro desse desafio, propõe neste texto, um processo que rompa com a visão fragmentada ainda tão presente nesta formação.

A autora assume o risco colocando que a mudança perpassa pela reflexão do fazer pedagógico, a partir dos pressupostos teóricos assumidos pelo projeto do curso e pelo planejamento dos professores. Digo que isso é um risco e um desafio, pois o planejamento, embora tema recorrente na formação inicial, é abandonado na prática pedagógica cotidiana pelos professores, e é um desafio, porque ela propõe justamente colocar esse planejamento no centro da necessária e urgente integração entre as áreas.

Gabriela nos apresenta num passo a passo, um instrumento que possibilita aos professores refletirem suas propostas de ensino. Foca em três momentos: a mobilização do conhecimento, a construção do conhecimento e a elaboração da síntese do conhecimento. Todos os passos compostos por questionamentos que proporcionam reflexão do que é proposto. Destaco a questão: O que é necessário (ou em que nível) aprofundar para formar um técnico em Agropecuária?, que consiste num questionamento pertinente quando se há a intenção de promover a integração. As respostas possibilitam um movimento de reflexão acerca dos fins da educação, e esta é uma tarefa fundamental para quem se compromete a empreender formação integrada.

Longe de ser um receituário, a proposta se apresenta como possibilidade, como horizonte, e como caminho. Aliás, como devem ser sempre os processos educativos libertadores.

Angelita Hentges

CAMINHO PERCORRIDO

Nas linhas que seguem, explica-se como ocorreu a trajetória metodológica do trabalho em questão, perpassando pela caracterização da pesquisa, delimitação e caracterização do ambiente e dos sujeitos, descrição do *corpus* e procedimentos de análise.

Caracterização da pesquisa

A pesquisa proposta se enquadra dentro de um viés **qualitativo**. Com base nos estudos de Minayo (1992), a pesquisa qualitativa tem como "objeto do conhecimento o ser humano e a sociedade" (p. 36) e para compreendê-los é necessário ir além da interpretação dos números, e passar a considerar suas crenças, atitudes, valores e motivações, em relação aos comportamentos das pessoas em contextos sociais (MINAYO, 1992).

Segundo Triviños (2015), a pesquisa qualitativa tem suas raízes nas práticas desenvolvidas, respectivamente por antropólogos, sociólogos em estudos baseados na vida das comunidades. Na sequência, a pesquisa qualitativa ainda se destaca no âmbito educacional de forma histórica.

> Na década de 70 [...] surgiu nos países da América Latina, interesse que é crescente, pelos aspectos qualitativos da educação. Na verdade, o ensino sempre caracterizou-se pelo destaque da realidade qualitativa de manifestar-se frequentemente através de medições [...] Isto que, em geral, aparecia como uma forma espontânea e natural de apreciar as realidades escolares principiou a vincular-se, sistematicamente, a posicionamentos teóricos claros.

Esteban (2010) realiza uma compilação de conceitos e define a pesquisa qualitativa como

> uma atividade sistemática orientada a compreensão em profundidade dos fenômenos educativos e sociais, à transformação de práticas e cenários socioeducativos, à tomada de decisões e também ao descobrimentos e desenvolvimento de um corpo organizado de conhecimentos (p. 127).

Com seu caráter social, esta modalidade de pesquisa deve contemplar, principalmente, dados descritivos obtidos no contato direto do pesquisador com a situação que está sendo estudada e, sobretudo, evidencia o processo em detrimento do produto, dando destaque a perspectiva dos participantes. Bauer e Gaskell (2008) sugerem a pesquisa qualitativa como aquela que pretende interpretar as diferentes realidades sociais.

Nessa mesma linha de raciocínio, conforme Bodgan e Biklen (1982), “Os locais tem que serem entendidos no contexto da história das instituições a que pertencem” (p. 48). Autores como Bodgan e Biklen (1982 *apud* LÜDKE; ANDRÉ, 1986) utilizam-se destes conceitos para explorarem as características de uma pesquisa de cunho qualitativo.

Um dos temas privilegiados para a pesquisa qualitativa é o estudo do cotidiano e do ordinário (POUPART *et al*., 2008), que mais uma vez, fortalece a opção por este tipo de pesquisa – qualitativa – quando os autores destacam que

> O objetivo de uma pesquisa qualitativa pode ser o de dar conta das preocupações dos atores sociais, tais quais elas são vividas no cotidiano. A ênfase recai sobre “toda a proximidade social, isto é, todos os lugares e momentos em que a relação social toma forma em sua concretude [...]”. O objeto de pesquisa se refere, então, à [...] todas essas coisas tão comuns, portanto, tão evidentes, que ninguém presta atenção a elas, a estrutura de um tribunal [...]. O cotidiano de sala de aula, o da cultura organizacional de uma empresa [...] são objetos privilegiados de uma abordagem qualitativa. Esse cotidiano constitui as construções múltiplas e efêmeras da vida de todos os dias [...] (p. 130).

A estrutura de um tribunal, exemplo utilizado pelos autores, encaixa-se perfeitamente, também, a estrutura do Curso Técnico em Agropecuária o qual este trabalho propõe-se a investigar.

Para LÜDKE; ANDRÉ (1986), a entrevista e a análise documental, são os métodos mais indicados para a coleta de dados em uma pesquisa qualitativa[1].

Outrossim, utilizou-se Bodgan e Biklen (1994) para ratificar a correlação entre a pesquisa de cunho qualitativo com a realidade escolar.

> A ênfase qualitativa no processo tem sido particularmente útil na investigação educacional, ao clarificar a “profecia autorrealizada”, a ideia de que o desempenho cognitivo dos alunos é afetado pelas expectativas dos professores (Rosenthal e Jacobson, 1968). As técnicas quantitativas conseguiram demonstrar, recorrendo a pré e pós-testes, que as mudanças se verificam. As estratégias qualitativas patentearam o modo como as expectativas se traduzem nas atividades, procedimentos e interações diários. [...] Este tipo de estudo foca-se no modo como as definições (as definições que os

1 Foram utilizados os dois primeiros métodos citados, tendo em vista o grande número de observações que deveriam sem realizadas.

> professores tem dos alunos, as definições que os alunos tem de si próprio e dos outros) se formam (p. 49-50).

Para tal interpretação, optou-se pelas cinco características da pesquisa qualitativa definidas por Bodgan e Biklen (1994, p. 47-50):

a. Na investigação qualitativa a fonte direta de dados é o ambiente natural, constituindo o investigador o instrumento principal;
b. A investigação qualitativa é descritiva;
c. Os investigadores qualitativos interessam-se mais pelo processo do que simplesmente pelos resultados ou produtos;
d. Os investigadores qualitativos tendem a analisar seus dados de forma indutiva;
e. O significado é de importância vital na abordagem qualitativa.

Estas características elencadas condizem exatamente com esta proposição de trabalho. Haja vista que, foi explorado o ambiente educacional para então compreender a dinâmica didático-pedagógica do Curso Técnico em Agropecuária, quando analisadas as áreas que o compõe: Área de Formação Técnica e Área de Formação Geral.

Neste caminho, ratifica-se a importância de coletar a opinião dos professores, para poder filtrar as respostas e chegar ao delineamento de uma situação real. Com base em Esteban (2010), a pesquisa qualitativa, em seu caráter social, tem ganhado espaço quando se trata do "pensamento do professor" e do "estudo das ideias dos alunos", o que corrobora com as ideias já mencionadas neste trabalho.

> O interesse fundamental dos estudos desenvolvidos sob esse enfoque é o de conhecer quais são os processos de raciocínio que ocorrem na mente do docente durante sua atividade profissional; processos como a percepção das atitudes do aluno, a reflexão sobre suas atividades na sala de aula, a solução de problemas didáticos etc. (p. 96).

> Essa linha de pesquisa, conhecida genericamente como o estudo das ideias dos alunos, parte de uma concepção construtivista do aprendizado e se concentra na descrição e **compreensão de como acontece a evolução de determinados conceitos científicos nos alunos** e no estudo dos preconceitos; não se trata só de descrever as ideias dos alunos, mas de interpretá-las do ponto de vista da coerência interna de seu pensamento (p. 105-106; grifo nosso).

Ainda em se tratando do delineamento da pesquisa, destaca-se que esta ocorreu através da integração entre a **pesquisa documental** (LÜDKE;

ANDRÉ, 1986) ou **análise documental** (GIL, 2008) e o **estudo de caso** (SEVERINO, 2007).

A pesquisa documental é utilizada para pesquisas na área das ciências sociais, pois se utiliza de dados já existentes, neste caso, documentos diversos. Segundo Guba e Lincon (1981 *apud* LÜDKE; ANDRÉ, 1986) este tipo de análise apresenta vantagens, entre elas o "fato dos documentos constituírem uma fonte estável e rica" [...] "uma fonte 'natural' de informação [...] surgem num determinado contexto e fornecem informações sobre esse mesmo contexto" (p. 39), bem como seu baixo custo financeiro. Da mesma forma Holsti (1969 *apud* LÜDKE; ANDRÉ, 1986), indicam três situações básicas em que se encaixa a análise documental[2], sendo uma delas aquela que é utilizada quando

> [...] se pretende ratificar e validar informações obtidas por outras técnicas de coleta, como, por exemplo, a entrevista, o questionário ou a observação. Segundo Holsti (1969), "quando duas ou mais abordagens do mesmo problema produzem resultados similares, nossa confiança em que os resultados reflitam mais o fenômeno em que estamos interessados do que os métodos que usamos aumenta [...]" (p. 39).

O que vai ao encontro das características mencionadas anteriormente por Bodgan e Biklen (1994). Reforça-se assim, a importância da realização da pesquisa documental como estratégia metodológica neste trabalho.

No entanto, também existem críticas a este recurso. Como se referem Guba e Lincon (1981 *apud* LÜDKE; ANDRÉ, 1986) "os documentos são amostras não representativas dos fenômenos estudados"; apresentam "falta de objetividade e sua validade questionável"; e, por fim, podem "representar escolhas arbitrárias, por parte de seus autores, de aspectos a serem enfatizados e temáticas a serem focalizadas" (p. 40). Mesmo esta técnica apresentando limitações, entende-se ser fundamental para o desenvolvimento desta pesquisa.

Com o propósito de reconhecer de forma histórica e legal o ambiente de pesquisa, optou-se pela análise documental. Considera-se, então, o pensamento de Cellard (2014), em que o autor afirma

> Por possibilitar alguns tipos de reconstrução, o documento escrito, o documento escrito constitui, portanto, uma fonte extremamente preciosa [...] Além disso, muito frequentemente, ele permanece como o único testemunho de atividades particulares ocorridas num passado recente (p. 295).

2 Iremos abordar apenas aquela que se aproxima do nosso objetivo de pesquisa.

O Ensino Técnico no Brasil é arraigado desde o final de 1800, portanto, julga-se necessária uma análise histórica para compreender o Ensino Técnico instaurado passados mais de 200 anos, conforme registros encontrados em livros por autores como Tarquino de Souza Filho em 1887.

Tremblay (1968 *apud* CELLARD, 2014) ainda ressalta que

> [...] graças ao documento, pode-se operar um corte longitudinal que favorece a observação do processo de maturação ou de evolução de indivíduos, grupos, conceitos, conhecimentos, comportamentos, mentalidades, práticas, etc., bem como o de sua gênese até os dias de hoje (p. 295).

Para esta pesquisa selecionaram-se documentos que sustentassem o histórico do Ensino Técnico, bem como, sua estruturação e funcionamento no sistema que se tem atualmente, os Institutos Federais de Educação, Ciência e Tecnologia.

Outro fator em que a análise de dados, como plano metodológico, sustenta este trabalho é, a escolha pelo estudo de caso, considerando que o pesquisador está inserido no ambiente da pesquisa e muitas vezes pode ser levada por seu conhecimento das situações e motivações dos acontecimentos, haja vista que ele deve ser imparcial, olhar a pesquisa de fora e não como um ator dela. Para tanto, utiliza-se, novamente do aporte teórico trazido por Cellar (2014), onde o autor afirma que a análise documental

> Trata-se de um método de coleta de dados que elimina, ao menos em parte, a eventualidade de qualquer influência – a ser exercida pela presença ou intervenção do pesquisador – do conjunto das interações, acontecimentos ou comportamentos pesquisados, anulando a possibilidade de reação do sujeito à operação de medida. (p. 295)

A análise documental, como fase exploratória de um estudo de caso (ANDRÉ, 2008), permite "delinear melhor o objeto de estudo" (p. 48) ofertando que se tenha uma visão legal e real do cenário de pesquisa no qual estamos atuando, embora muitas vezes, por ser um estudo de caso, seja difícil manter a distância entre os dados de pesquisa e a vivência diária do pesquisador.

Com base em Merriam (1998) *apud* André (2008, p. 17) o conhecimento gerado a partir de um estudo de caso, dentre algumas características, é "mais concreto, pois configura-se como um conhecimento que encontra eco em nossa experiência porque é mais **vivo**, concreto e sensório do que abstrato" e ainda "mais contextualizado, pois nossas experiências estão **enraizadas num contexto**, assim também o conhecimento nos estudos de caso. Esse conhecimento de distingue do conhecimento abstrato e formal derivado de outros tipos de pesquisa". (grifo nosso). Complementando, Severino (2007, p. 121) afirma que este tipo de pesquisa "se concentre no estudo de um caso particular [...] O caso escolhido para a pesquisa deve ser significativo e bem representativo [...]".

De forma histórica, os estudos de caso aparecem nos manuais de educação em meados das décadas de 60 e 70, revelando um sentido muito específico: "estudo descritivo de uma unidade seja ela uma escola, um professor, um grupo de alunos, uma sala de aula", mediante os estudos de André (2008, p. 14). Com base na análise de Merrian (1988), André (2008) explica que o conhecimento construído fundamentado no estudo de caso é mais concreto, contextualizado, voltado para a interpretação do leitos e ainda baseado em populações referências – em concordância com o grupo que foi explorado nesta pesquisa.

O Estudo de Caso, conforme Triviños (2015) é um dos tipos de pesquisa qualitativa mais significativos, haja vista que é "uma categoria de pesquisa cujo objetivo é uma *unidade* que se analisa profundamente" (p. 133). O que acontece nesta pesquisa, onde analisou-se o Ensino de Biologia no contexto específico do curso Técnico em Agropecuária, considerando tanto o lado positivo quanto o lado negativo da articulação entre a disciplina de Biologia junto às disciplinas específicas deste curso.

Ainda fundamentando a escolha pelo estudo de caso, Merriam (1988 *apud* ANDRÉ, 2008) define quatro características essenciais em um estudo de caso: particularidade, descrição, heurística e indução. Destaca-se que estas condizem com a proposta desta pesquisa, porém aponta-se a particularidade e a descrição como as características que expressam melhor o estudo de caso proposto neste trabalho. Conforme o autor

> *Particularidade* significa que o estudo de caso focaliza uma situação, um programa, um fenômeno particular [...] É, pois, um tipo de estudo adequado para investigar problemáticas práticos, questões que emergem do dia-a-dia. *Descrição* significa que o produto final de um caso é uma descrição "densa" do fenômeno de um estudo [...] Os dados são expressos em palavras, imagens, citações literais, figuras literárias (ANDRÉ, 2008, p. 17-18).

Tais justificativas corroboram com esta proposição de trabalho, tendo em vista o um número muito reduzido de sujeitos, mas que, no entanto, serão explorados ao máximo.

Na sequência serão apresentadas a delimitação e caracterização do ambiente e dos sujeitos de pesquisa, com o qual foi desenvolvida esta investigação

Delimitação e caracterização do ambiente e dos sujeitos da pesquisa

No texto que segue, apresenta-se o local da realização desta pesquisa, bem como suas características marcantes e os sujeitos que foram analisados ao longo deste trabalho.

Contexto: Histórico do CaVG

Em termos gerais, a Instituição, hoje denominada Câmpus Pelotas – Visconde da Graça, em sua origem, é idealizada para suprir a demanda da agropecuária, atividade que dominava a região na época. Neste contexto, tinha como público-alvo os filhos dos produtores e pretendia que estes obtivessem um conhecimento mais especializado na atividade rural, para então disponibilizar conhecimento técnico ao retornarem para o meio rural.

O então Patronato Agrícola Visconde da Graça foi fundado na década de 20 com o apoio do Ministro da Agricultura, o pelotense Dr. Ildefonso Simões Lopes, ficando subordinado ao Ministério da Agricultura. De acordo com o Decreto nº15.102, publicado no Diário Oficial da União em 09 de novembro de 1921, é inaugurado em 12 de outubro de 1923 o Colégio Agrícola Visconde da Graça, conhecido como "Patronato Agrícola do RS".

Na década seguinte, passa a ser chamado de Aprendizado Agrícola "Visconde da Graça". Já em 1947, passa a ser conhecido como Colégio Agrícola Visconde da Graça. Ao final da década de 60, pelo Decreto nº 56.881 de 16 de dezembro de 1969, o Conjunto Agrotécnico Visconde da Graça passa a ser incorporado como Unidade da Fundação Universidade Federal de Pelotas, amparada pelo Ministério da Educação e Desporto.

Tal ampliação fez com que, em 2010, o Conjunto Agrotécnico Visconde da Graça, pertencente a Universidade Federal de Pelotas, passasse a integrar, através da Portaria 715/2010, o Instituto Federal de Ciência e Tecnologia Sul-rio-grandense, passando para a denominação de Câmpus Pelotas – Visconde da Graça/CaVG.

Muitos anos se passaram, mas a Instituição nunca perdeu a identidade agrícola. Inicialmente ofertava os cursos Técnicos de Agropecuária, Economia Doméstica e Alimentos. Atualmente, conta não somente com cursos de nível Técnico, mas também com nível Médio Integrado, Subsequente, Licenciaturas, Tecnólogos, Educação à distância e Pós-Graduação nos níveis de especialização e mestrado[3].

3 Consideramos estes dados importantes, visto que, ao longo dos anos e das novas políticas de formação, a instituição oferece grande diversidade de cursos.

Ainda situado no seu local de origem, o CaVG encontra-se cerca de 8km do centro urbano da cidade de Pelotas, compreendendo uma área de aproximadamente 201ha, entre unidades de produção, ensino, bosques e uma diversidade de vegetação. Também, como um diferencial, oferta aos alunos menores de 18 anos de idade que residem fora da cidade o sistema de internato.

Esta tradicional instituição de ensino da cidade de Pelotas segue com seu objetivo inicial muito evidente, ofertar para a comunidade um ensino de qualidade voltado à suprir as demandas da região. No entanto, essas demandas foram ampliadas para além da atividade agropecuária, buscando atingir as necessidades da indústria, científicas e tecnológicas da atualidade, bem como no equilíbrio do meio ambiente. Por meio de seu Projeto Político Pedagógico, visa congregar o ensino, a pesquisa, a extensão e a prática produtiva dentro de um modelo dinâmico de aplicação dos conhecimentos[4],

Os Sujeitos da Pesquisa

Os sujeitos desta pesquisa foram constituídos pelos professores da Área de Formação Técnica do Curso Técnico em Agropecuária de nível Médio Integrado e pelos professores da Área de Formação Geral – Biologia.

A partir do explicitado na proposta pedagógica do curso, foram selecionados, aqueles professores que ministram disciplinas que, de alguma forma, possui relação direta com os conteúdos de Biologia.

Para tanto, analisou-se o Projeto Pedagógico de Curso do Curso Técnico em Agropecuária, em especial a matriz curricular, onde estão especificadas as disciplinas que compõem o curso, bem como suas ementas, listagem de conteúdos e referencial bibliográfico. A partir disto, selecionaram-se os professores que ministrassem as disciplinas que apresentassem, de forma escrita em seus conteúdos e ementas, relações diretas como o Ensino de Biologia. Neste contexto foram selecionados de forma intencional 08 professores da AFT e o coordenador do curso (esta já contabilizado entre os sujeitos).

Para AFG foram escolhidos os professores que ministram a disciplina de Biologia para o Curso Técnico em Agropecuária de nível Médio Integrado, tendo em vista que, se pretende analisar apenas a relação dos conteúdos de Biologia com a formação do Técnico em Agropecuária. Assim sendo, foram selecionados 02 professores. Ao final da análise do PPC foram totalizados 10 sujeitos sendo 08 da Área de Formação Técnica e 02 da Área de Formação Geral.

4 Dados extraídos do Site Oficial da Instituição: http://cavg.ifsul.edu.br/

Todos os sujeitos foram contatados, de maneira formal, através do E-mail institucional e alguns foram convidados pessoalmente. Apenas 05 professores responderam através do E-mail e disponibilizaram-se a participarem da entrevista. Outros 04 professores, por não responderem o E-mail, foram contatados pessoalmente, porém apenas 02 participaram da entrevista. Com ambos os professores foi marcada a entrevista por duas vezes e estes não compareceram. Dos outros dois professores, um não respondeu E-mail e tampouco foi encontrado pessoalmente e o outro, nesse entremeio da pesquisa foi transferido para outro Câmpus. Sendo assim, das 10 entrevistas previstas, foram realizadas 06. Por fim, os sujeitos desta pesquisa foram codificados como P1, P2 e assim sucessivamente, sendo o coordenador do curso.

Descrição do *Corpus*

Com o intuito de contribuir para que ocorra um ensino integrado no Ensino de Biologia, em especial para o Curso Técnico Integrado de Agropecuária, esta pesquisa compreendeu a análise de documentos como, o Projeto Pedagógico Institucional do IFSul (PPI), o Regimento Interno do CaVG (RI) e o Projeto Pedagógico do Curso Técnico em Agropecuária, bem como entrevista semiestruturada com os professores já mencionados.

No caso específico do CaVG, existe uma lacuna na integração entre as áreas de formação. Entende-se que, para haver integração esta deve estar claramente descrita no PPC do curso e realizada de forma plena pelos professores, alunos e todos àqueles que estiverem envolvidos. Acredita-se também que deve ser indicada na construção do currículo junto aos objetivos das disciplinas que compõe a Área de Formação Técnica e da Área de Formação Geral, bem como necessária uma relação direta entre os conteúdos a serem trabalhados em cada disciplina, sejam elas da AFG ou AFT.

Esta integração entre disciplinas e conteúdos, vai muito além da construção de conceitos isolados. Considera-se que para existir integração, é necessário que o aluno seja capaz de utilizar os conhecimentos construídos na Área de Formação Geral a favor daqueles que serão construídos na Área de Formação Técnica. E por consequência, que tenham sentido para a continuidade da sua formação acadêmica, da mesma forma que tenha real sentido na sua atuação como Técnico em Agropecuária. Da mesma forma que na visão de Ramos (2007)

> Não defendemos, com isto, uma formação profissional em detrimento da formação geral, mas uma formação profissional que possibilite aos sujeitos jovens e adultos se apropriarem de conhecimentos que estruture sua inserção na vida produtiva dignamente (p. 11).

O PPC do Curso Técnico em Agropecuária vigência (2010) prevê as disciplinas obrigatórias para o Ensino Médio, assim como, as obrigatórias para a Formação Técnica. Neste sentido a disciplina de Biologia abrange, o tempo mínimo, de três anos de formação para o nível médio, conforme previsto na lei. Já para a formação técnica, existem disciplinas que, conforme plano de ensino disponibilizado no Projeto Pedagógico do Curso, em nosso entendimento, tem relação direta com o Ensino de Biologia.

Acredita-se que, de forma específica neste trabalho, para haver integração entre o Ensino de Biologia e o Curso Técnico em Agropecuária, as disciplinas que os compõem, juntamente com seu PPC, devem ter os conceitos construídos de forma concomitante, onde aquele da AFG supra as necessidades para a construção do conhecimento da AFT.

Coleta dos Dados

Para o desenvolvimento da pesquisa optou-se por subdividí-la em dois momentos:

ATIVIDADE 1 – Análise documental: foram analisados os documentos oficiais que regem a instituição e o Curso Técnico em Agropecuária de nível Médio Integrado, sendo estes: O Projeto Político Institucional do IFSul, o Regimento Interno do CaVG (RI) e o Projeto Pedagógico do Curso.

ATIVIDADE 2 – Entrevistas: foram realizadas, de forma individual, entrevistas semidiretivas com os professores de ambas Áreas (AFG e AFT). Outros autores como Bodgan e Biklen (1994) defendem que este tipo de entrevista permite a comparação dos dados entre os sujeitos.

A entrevista não é apenas uma etapa neutra e simples de um trabalho de pesquisa. Segundo Bodgan e Biklen (1994), Szymanski (2004) e Lüdke e André (2007), a entrevista é um instrumento utilizado para a avaliação de pesquisas qualitativas. Conforme Lakatos (1993), a entrevista permite investigar condutas atuais e do passado, o que corrobora com a nossa intenção de pesquisa, já que pretendemos compreender como foi constituído o currículo atual do Curso Técnico em Agropecuária de nível Médio Integrado e como ele está composto atualmente, bem como as dificuldades encontradas para a reformulação e articulação com os conteúdos, neste caso, da disciplina de Biologia.

Szymanski (2004) utiliza-se de Maturana para mencionar as relações presentes no momento das entrevistas, como os sentimentos, as emoções e as relações de poder e desigualdade entre entrevistador e entrevistado. “A intencionalidade do pesquisador vai além da mera busca de informações; pretende criar uma situação de confiabilidade para que o entrevistado se abra” (p. 12).

No caso desta pesquisa, a relação de entrevistado e entrevistador se dá por serem colegas de trabalho e, muitas vezes, além disso, amizade pessoal, o que pode levar a uma falta de credibilidade do trabalho. O que busca--se é estabelecer uma relação de horizontalidade junto ao entrevistado, caracterizando, assim, a entrevista como reflexiva (SZYMANSKI, 2004), pois leva em conta a recorrências de significados durante qualquer ato comunicativo. Ainda conforme a autora, as entrevistas devem ser testadas em um projeto piloto[5].

Para coleta de dados desta pesquisa, foram utilizados três modelos distintos de roteiro, tendo em vista que os sujeitos foram selecionados conforme a disciplina técnica que em que atuam no Curso Técnico em Agropecuária, o coordenador deste curso, e os professores de Biologia que atuam no Curso Técnico em questão. Antes de responder a entrevista, foi explicado a cada entrevistado que este teria liberdade em parar a entrevista a qualquer momento, bem como pedir para parar a gravação ou solicitar que algum trecho não fosse considerado. E ainda foi solicitado que assinasse um termo de consentimento livre esclarecido (APÊNDICE A), confirmando que estava ciente da participação como sujeito desta pesquisa.

Estes roteiros foram compostos por quatro blocos conforme tabela 1 abaixo:

Tabela 1 – Descrição dos roteiros de entrevista

BLOCOS	SUJEITOS		
	Roteiro – Biologia[6]	**Roteiro – Área Técnica[7]**	**Roteiro – Coordenador do Curso[8]**
Bloco 1	Informações referentes à formação inicial.	Informações referentes à formação inicial.	Informações referentes à formação inicial.
Bloco 2	Informações referentes à formação continuada.	Informações referentes à formação continuada.	Informações referentes à formação continuada.
Bloco 3	Informações referentes às experiências profissionais e as metodologias predominante na sua prática docente.	Informações referentes às experiências profissionais e as metodologias predominante na sua prática docente.	Informações referentes às experiências profissionais e as metodologias predominante na sua prática docente.

continua...

5 Cabe salientar que foi realizada uma entrevista semidiretiva com um professor da Área de Formação Geral – Biologia, a fim de refinar o instrumento para a coleta dos dados. Este sujeito não foi contabilizado entre os entrevistados desta pesquisa.

6 Conforme Apêndice B.

7 Conforme Apêndice C.

8 Conforme Apêndice D.

continuação

BLOCOS	SUJEITOS		
	Roteiro – Biologia[6]	Roteiro – Área Técnica[7]	Roteiro – Coordenador do Curso[8]
Bloco 4	Informações referentes ao objetivo de formação de CaVG, Ensino de Biologia de forma integrada no CaVG, o propósito do Ensino Integrado, planejamento da disciplina de Biologia, relação da Biologia com o Curso Técnico em questão, metodologias específicas vinculadas ao Curso em questão.	Informações referentes ao objetivo de formação do CaVG, Visão sobre o Ensino Integrado no CaVG, Relevância do Ensino de Biologia para o curso em questão, Planejamento da disciplina que ministra, Relação da disciplina que ministra com a Biologia.	Informações referentes a constituição do Curso Técnico em Agropecuária, Informações sobre a construção do PPC do curso, Informações sobre a atuação dos egressos, Documentos que norteiam a construção do curso.

Fonte: Coleta de dados, 2015.

Procedimento de análise

Cabe destacar que a Análise de Conteúdo (MORAES, 1999; BARDIN, 2004, 2011), proposta para este trabalho, não está relacionado com a Análise de Discurso, uma vez que a primeira pretende interpretar nada além do que, em nosso caso das entrevistas, foi dito pelo entrevistado, não procurando elementos subjetivos; enquanto a segunda, tende a interpretar aquilo que também não é dito através das palavras, como expressões faciais no momento da fala, pausas durante a entrevista entre outros fatores.

Conforme lembra Moraes (1999),

> A análise de conteúdo constitui uma metodologia de pesquisa usada para descrever e interpretar o conteúdo de toda classe de documentos e textos. Essa análise, conduzindo a descrições sistemáticas, qualitativas ou quantitativas, ajuda a reinterpretar as mensagens e a atingir uma compreensão de seus significados num nível que vai além de uma leitura comum.

Este método de investigação contempla a análise de dados extraídos de registros como comunicação verbal e não verbal, jornais, revistas, informes, livros, gravações, entrevistas, diários pessoais, vídeos, entre outros (MORAES, 1999). Tal aplicação vai exatamente ao encontro dos instrumentos que pretendemos utilizar para a coleta de dados da nossa pesquisa. Assim como Bardin (2004) classifica as entrevistas e conversas de qualquer espécie entre os "Domínios possíveis da aplicação da análise de conteúdo (p. 30)".

Conforme lembra Moraes (1999), a interpretação dos registros de uma entrevista, por exemplo, é de inteira responsabilidade do pesquisador, já que será interpretada de acordo com seus interesses. O autor ainda ressalta "Não é possível uma leitura neutra. Toda leitura se constitui numa interpretação".

Ainda dando seguimento ao exposto por Moraes (1999), este autor determina que o método da Análise de Conteúdo deve ser desenvolvido em cinco etapas: (1) Preparação das informações, (2) Unitarização ou transformação do conteúdo em unidades, (3) Categorização ou classificação das unidades em categorias, (4) Descrição e (5) Interpretação.

Para Moraes (1999), o processo de condução da análise de conteúdo pode ser realizado de duas formas distintas, sendo elas conteúdo manifesto ou conteúdo latente. A primeira é utilizada quando, ao pesquisador, não interessa as mensagens implícitas do conteúdo. Entretanto, a segunda prevê a interpretação do conteúdo que não está explícito. Para este trabalho, *a priori*, optou-se pela forma de conteúdo manifesto, tendo em vista que busca-se uma leitura direta do que os professores estão relatando. Conforme Moraes (1999), "[...] O nível manifesto corresponde a uma leitura representacional, na qual se procura a inferência direta do que o autor quis dizer."

A Análise de Conteúdo é definida por Bardin (2011, p. 44) como "um conjunto de técnicas de análises das comunicações que utiliza procedimentos sistemáticos e objetivos de descrição do conteúdo das mensagens". Neste viés o autor menciona "Domínios possíveis da aplicação da análise de conteúdo", onde destaca-se a entrevista e conversas de qualquer espécie como "comunicação dual 'diálogo'". E ainda, tem como objetivo "a manipulação de mensagens (conteúdo e expressão desse conteúdo) para evidenciar os indicadores que permitam inferir sobre realidade que não a da mensagem" (p. 52).

Utilizou-se como instrumento de coleta de dados, entrevista semidiretiva, segundo Bardin (2011), que conforme o protocolo metodológico estabelecido pelo autor devem ser "mais curtas e fáceis: seja qual for o caso, devem ser registradas e integralmente transcritas (incluindo hesitações, risos, silêncios, bem como estímulos do entrevistador)" (p. 93).

Os roteiros das entrevistas contemplaram a entrevista semidiretiva, com em torno de 50 minutos cada uma e todas foram transcritas literalmente, apenas resguardando o sigilo do nome do entrevistado e das citações a terceiros que este tenha referido-se.

Após realizadas as entrevistas e o levantamento de informações com a análise documental, os dados obtidos, foram analisados conforme descrito no próximo capítulo.

Análise dos dados

Inicia-se este capítulo referente a análise de dados resgatando o objetivo desta pesquisa **verificar a percepção dos professores do Curso Técnico em Agropecuária com relação ao princípio integrador na sua prática docente no Ensino Médio Integrado.**

Para que este objetivo fosse alcançado, optou-se por realizar a Análise Documental dos documentos que norteiam a ação docente do professor, sendo eles o Projeto Pedagógico Institucional, o Regimento Interno do Câmpus ao qual pertence, Câmpus Pelotas – Visconde da Graça e o Projeto Pedagógico do Curso Técnico em Agropecuária.

Com o intuito de triangulação de dados, optou-se por registrar as impressões dos sujeitos por meio de entrevistas. Foram entrevistados 06 professores da Área de Formação Técnica e 01 da Área de Formação Geral.

Ao final deste capítulo buscou-se, através da triangulação de dados, identificar indícios da ocorrência do princípio integrador na fala dos professores e nos documentos oficiais.

Análise dos instrumentos de planejamento educacional que orientam o trabalho dos professores no Curso Técnico em Agropecuária

Para o diagnóstico do referido curso, foram analisados os documentos oficiais que regem o instituto no qual o curso está inserido, o Instituto Federal de Educação, Ciência e Tecnologia Sul-rio-grandese), o Projeto Pedagógico Institucional; bem como o Regimento Interno do Câmpus ao qual pertence, Câmpus Pelotas – Visconde da Graça e; o Projeto Pedagógico do Curso Técnico em Agropecuária. Nesta seção elencaram-se alguns pontos que merecem destaque, pois se relacionam com o propósito desta investigação, também nas entrevistas e que se denominou como Concepções Educativas de Destaque (estes em destaque na forma "em negrito" e com legendas ao longo desta seção e resumidos na tab. 2).

Tabela 2 – Apresentação Concepções Educativas de Destaque no PPI e no PPC

Legenda	PPI	PPC	Legenda
PPI – I	Formação para a cidadania crítica e emancipatória.	Formação integral de seus alunos, busca formar profissionais capazes de aliar o conhecimento da ciência e tecnologia ao desenvolvimento do ser humano como cidadão consciente de seus direitos, deveres e responsabilidade .	PPC – I

continua...

continuação

Legenda	PPI	PPC	Legenda
PPI – II	Destaca o enfoque curricular sustentado pelo trabalho como princípio educativo	Produção do conhecimento, estabelecendo vínculo estreito entre educação/trabalho/cooperação	PPC – II
PPI – III	Foco nas demandas sócio econômicas local, regional e nacional.	Formação de profissionais capacitados para a demanda de trabalho da região. para auxiliar na melhoria das condições sociais e econômicas envolvidas neste campo de trabalho.	PPC – III
PPI – IV	Pesquisa como princípio educativo aplicado às demandas da comunidade.	Maior compreensão das relações existentes no mundo do trabalho.	PPC – IV
PPI – V	Sugere desenvolver noções de competência ao longo do percurso/ vida escolar	Procura contemplar as competências profissionais fundamentais da habilitação, com foco no perfil profissional de conclusão, prevendo situações que levem o estudante a mobilizar e articular com pertinência conhecimentos, habilidades e valores em níveis crescentes de complexidade.	PPC – V

Fonte: Coleta de dados, 2015.

O PPI do IFSul é o documento que orienta e fundamenta as ações a serem desenvolvidas por este instituto. Está composto por 184 páginas, dividido em seis capítulos (A, B, C, D, E, F) e anexos. Dentre os capítulos, encontramos títulos que versam sobre o PPI do IFSul (A), estrutura de gestão pessoal e física (B), cursos técnicos (C), cursos superiores (D), cursos de pós graduação (E) e organização didática da educação básica, profissional e superior de graduação (F). Nos anexos são encontrados documentos norteadores de cada Câmpus do IFSul.

Inicialmente, é descrita a trajetória histórica desta instituição, que tem como origem o Centro Federal de Educação Tecnológica de Pelotas (CEFET-RS), destacando, ao longo da narrativa, sua história e notória qualidade de ensino.

Conforme o documento, o CEFET-RS ofertava a população Ensino Técnico, Superior e Pós-Graduação, o que foi modificado quando, ao IFSul coube disponibilizar vagas para a Educação Profissional Técnica de Nível Médio e Superior, formação inicial e continuada de trabalhadores, formação de professores e pós-graduação. Porém, para que estas modificações se consolidassem, foi necessária a modificação dos currículos daqueles cursos que já estavam em andamento.

Segundo o PPI, perante estas mudanças, as discussões sobre planejamento, currículo e o novo objetivo desta instituição ganham espaço na comunidade, e como resultado, **começa-se a apostar mais intensamente**

na formação de cidadãos críticos (PPI – I), colaborando para a construção de uma sociedade justa e democrática, por meio do compartilhamento dos conhecimentos construídos com a sociedade e utilização do trabalho como princípio educativo. Neste sentido,

> o desafio a ser enfrentado é o de se comprometer com o processo educativo, com o desenvolvimento do indivíduo em todas as suas dimensões, para que ele tenha capacidade de viabilizar caminhos coletivos que revertam à imensa exclusão social produzida pelas mudanças nos processos produtivos (INSTITUTO..., 2012, p. 18).

Na sequência do documento são explorados, de forma sucinta, tópicos como a função social, filosofia, missão e valores defendidos pelo IFSul. Dentre estes itens percebemos o destaque dado ao **trabalho como princípio educativo (PPI – II)**, onde função social, filosofia, missão e valores permeiam a formação do aluno para o trabalho, porém com uma educação voltada à formação crítica deste aluno, para que seja capaz de construir aprendizagens significativas contextualizadas e aliadas ao mundo do trabalho.

Conforme sugere Ramos (2012)

> O princípio de que o trabalho é mediação entre o homem e o objeto a ser investigado/conhecido e que a apropriação social do conhecimento assim produzido é o que lhe confere significado [...] Ter o trabalho como princípio educativo implica inferir-se a uma formação baseada no processo histórico e ontológico de produção da existência humana, em que a produção do conhecimento científico é uma dimensão (p. 120).

Na continuidade do documento, encontra-se o item que dispõem sobre as finalidades, características e objetivos do IFSul embasado na Lei nº 11.982 de dezembro de 2008. Entre as finalidades e características mencionadas destaca-se os itens I e II, os quais versam, respectivamente, sobre a oferta da educação em todos os níveis e modalidades da educação profissional e tecnológica, **com a função de formar profissionais para atuarem no desenvolvimento socioeconômico local, regional e nacional (PPI – III)**; e o desenvolvimento da educação profissional e tecnológica para a geração e adaptação de soluções específicas para as demandas sociais.

Tal relevância foi mencionada por descrever de forma clara as características que preenchem a formação dos alunos na educação profissional e tecnológica, deixando claro o foco que se quer atingir, o desenvolvimento socioeconômico, bem como soluções técnicas e tecnológicas. Então a partir disto, o futuro aluno tem condições de entender como se dará sua formação e qual o intuito da formação que ele está recebendo.

Destaca-se, ainda, os objetivos do IFSul estabelecidos no PPI, descritos nos itens I, III e IV, respectivamente, onde a educação profissional técnica de nível médio deve ser ministrada prioritariamente na forma integrada; **desenvolver pesquisas aplicadas que estendam seus resultados à comunidade (PPI – IV)** e; incentivar que os processos educativos tenham como produto a geração de trabalho para então ter-se a emancipação do cidadão.

A educação profissional em uma de suas vertentes é constituída para suprir necessidades impostas pelo desenvolvimento social e econômico do país. Neste sentido é fundamental que se proporcione aqueles alunos, prioritariamente, em fase de conclusão dos estudos obrigatórios, que tenham a oportunidade de formarem-se trabalhadores, para suprir uma demanda local; bem como, sejam capazes de, mesmo formados como técnicos, dar sequência aos estudos, sejam cursos tecnólogos, superiores, entre outros.

Como forma de resposta a sociedade, as pesquisas desenvolvidas por estes alunos dentro destas instituições devem ser socializadas e viabilizadas à sociedade para que essa possa seguir se desenvolvendo, e como um ciclo, seguir repassando à "academia" os problemas encontrados e esta por sua vez, encontrando soluções e repassando novamente. Assim, espera-se que tenhamos uma sociedade com uma visão mais ampla para a resolução de problemas.

Em item específico para a caracterização do currículo, o PPI o define com base na Lei de Diretrizes e Bases da Educação Nacional nº 9.394 de dezembro de 1996 juntamente com pareceres, decretos, resoluções e portarias que "atualizam" a legislação conforme a demanda social. Nesse particular, há um destaque para o enfoque curricular sustentado pelo trabalho como princípio educativo, de forma que o saber e o fazer sejam considerados de forma indissociável. Conforme o documento, este currículo deve contemplar a formação geral e a formação profissional do estudante, sem deixar a margem a formação do perfil profissional que se pretende obter ao final do curso técnico.

O texto do PPI ressalta também que para construir o saber e o fazer de forma satisfatória, o Instituto tem como princípio, desenvolver **noções de competência ao longo do percurso/vida escolar (PPI – V)**, para que os estudantes/cidadãos sejam capazes de construir opinião, embasada em conhecimentos sólidos, e, por conseguinte, serem capazes de defender posicionamentos.

Finalizando o primeiro capítulo, na continuação são destacados itens como noções de competência, avaliação, políticas de ensino para a educação básica, políticas para o ensino superior de pós-graduação e pesquisa, políticas de ensino para educação a distância, políticas de inclusão de pessoas com necessidade de educação especial e as referências bibliográficas que embasam todos os temas mencionados no capítulo "A".

O capítulo seguinte, "B", faz menção à estrutura de gestão de pessoal e física do IFSul, apresentando sua estrutura de forma descentralizada e organizada em vários campi estabelecidos em diferentes cidades, como Bagé, Camaquã, Charqueadas, Passo Fundo, Pelotas, Sant´Ana do Livramento, Sapucaia do Sul e Venâncio Aires. Por sua vez, a estrutura de gestão está constituída pelos colegiados, reitoria e campi. Quanto à estrutura física e de pessoal, a instituição prevê constante qualificação dos servidores, da mesma forma que demonstra investimentos na ampliação da estrutura física como forma de sustentação do crescimento do Instituto.

Na continuidade do documento, encontram-se os demais capítulos, no entanto destaca-se apenas o capítulo "C" pela proximidade ao objeto de pesquisa. Assim sendo, o capítulo "C" versa sobre os cursos técnicos ofertados nos diferentes *Campi*. Neste sentido, o item Câmpus Pelotas-Visconde da Graça, descreve os catorze cursos que disponibiliza vagas no nível técnico. Dentre estes, destaco o Curso Técnico em Agropecuária – forma integrada, que compreende uma carga horária de 3.820 horas, cursadas na modalidade presencial e com duração de seis semestres. Ainda destaco o perfil de egresso e o campo de atuação

> **Perfil**
> Planeja, executa, acompanha e fiscaliza todas as fases dos projetos agropecuários. Administra propriedades rurais. Elabora, aplica e monitora programas preventivos de sanitização na produção animal, vegetal e agroindustrial. Fiscaliza produtos de origem vegetal, animal e agroindustrial. Realiza medição, demarcação e levantamentos topográficos rurais. Atua em programas de assistência técnica, extensão rural e pesquisa.
>
> **Campo de atuação**
> Propriedades rurais, empresas comerciais, estabelecimentos agroindustriais, assistência técnica, extensão rural e pesquisa, parques e reservas naturais (INSTITUTO..., 2012, p. 49).

Conforme seu objetivo de mencionar questões filosóficas e o princípio metodológico no qual o IFSul está embasado, o PPI fornece informações superficiais com relação aos cursos técnicos. Para melhor compreensão do ambiente a ser explorado, fez-se necessária a análise do Regimento Interno do CaVG.

Neste sentido, realizou-se uma análise mais objetiva[9] acerca do PPC[10] do curso em questão. O Projeto Pedagógico de Curso é um documento que contextualiza e descreve as diretrizes pedagógicas de cada curso técnico no IFSul, tendo sempre como base a legislação em vigor. O PPC do curso Técnico em Agropecuária possibilita a reflexão dos processos de formação dos alunos. Foi constituído no primeiro semestre letivo de 2010[11]. Este PPC entra em vigor no ano de 2010, quando o Conjunto Agrotécnico Visconde da Graça (CAVG), vinculado a UFPel, passa a pertencer a Rede Federal de Educação Tecnológica pelo IFSul, instituição de educação profissional técnica de nível médio e superior de graduação e pós-graduação.

Em uma visão geral, o PPC retrata o objetivo do Câmpus Pelotas – Visconde da Graça

> ofertar à comunidade uma educação de qualidade, voltada às necessidades científicas e tecnológicas do novo milênio, baseada nos avanços tecnológicos e no equilíbrio do meio ambiente. Com efetiva atuação consolidando-se no viés da politecnia, **visando a formação integral de seus alunos, busca formar profissionais capazes de aliar o conhecimento da ciência e tecnologia ao desenvolvimento do ser humano como cidadão consciente de seus direitos, deveres e responsabilidade social [...] (PPC – I)** como instituição educativa, insere-se de forma atuante no contexto regional, através da mobilização cotidiana de seus integrantes, em atividades constantes de ensino/pesquisa/extensão, extrapolando os limites de seus espaços institucionais (INSTITUTO..., 2010, p. 4; grifo nosso).

Destaco tal objetivo, pois é através dele que se justifica a existência do Curso Técnico em Agropecuária, haja vista que pretende "**proporcionar formação integral aos alunos, com vistas à profissionalização para o ingresso no mundo do trabalho (PPC – II)** (p. 5; grifo nosso)". O PPC ainda menciona a justificativa da necessidade do curso Técnico em Agropecuária, tendo como fundamento a inserção do Câmpus em uma região do estado do Rio Grande do Sul baseada "no campo da ciência, do saber cultural e tecnológico (p. 5)", o que ancora a necessidade de suprir demandas regionais no âmbito agrário, "devido às condições edafoclimáticas e a facilidade de adaptação de espécies agrícolas ao clima local (p. 5)". O PPC apresenta,

9 Com ênfase no objetivo desta pesquisa.

10 O PPC encontra-se em construção até o presente momento (nov./2015), conforme a fala do sujeito: "[...] o PPC vinha sendo trabalhado [...] e desde que a gente passou pro IF ainda não se tem um PPC do curso registrado na Pró-reitoria de ensino [...]" (P5).

11 Cabe ressaltar que neste ano de 2015, este documento está sofrendo alterações.

ainda, argumentos ligados ao desenvolvimento socioeconômico da região para justificar a oferta do curso, tal como demonstra o trecho a seguir:

> O novo ciclo de desenvolvimento representa oportunidades, mas, sobretudo, novas necessidades por tecnologias, infraestrutura, pessoal técnico qualificado e financiamentos. Considerando os recentes investimentos, tais como aqueles já aportados nas áreas de florestamento e fruticultura entre outros, o desenvolvimento agrícola e agroindustrial da Metade Sul do RS tende a uma reestruturação econômica e deve ser balizada por políticas e atitudes que sustentem essa transformação (INSTITUTO..., 2010, p. 5).

Assim sendo, o PPC postula a necessidade do ensino técnico integrado em Agropecuária nesta região em que o CaVG se localiza, já que **irá permitir a formação de profissionais capacitados para a demanda de trabalho da região. Deste modo, pretende-se que os técnicos tenham em sua formação a teoria e práticas aliadas a conhecimentos tecnológicos para auxiliar na melhoria das condições sociais e econômicas envolvidas neste campo de trabalhos (PPC – III).**

Neste sentido, segundo o PPC,

> Os cursos técnicos de nível médio possibilitam uma formação profissional abrangente e flexível, o que significa que a mesma está para além da formação técnica instrumental, mas se insere numa perspectiva ampla de formação humana, integrando conhecimentos de diversas ordens para a formação do ser humano, abrindo infinitas possibilidades de reinventar-se no mundo (INSTITUTO..., 2010, p. 6).

De uma forma mais específica, apresenta os objetivos do curso de Agropecuária, que vão ao encontro dos objetivos da instituição na qual está inserido, destacando, como público alvo, aqueles alunos egressos do ensino fundamental.

> **Objetivo Geral:**
> O Curso Técnico em Agropecuária visa à formação integral de profissional habilitado para exercer atividades de planejamento, execução e condução de projetos no ramo da produção vegetal e na área de produção animal.
>
> **Objetivos Específicos:**
> Oportunizar uma profissionalização para o ingresso no mundo do trabalho e a formação de um profissional capaz de desenvolver ações relacionadas à análise das características econômicas, sociais e ambientais.

> Formar profissionais capazes de inovar, planejar, executar, acompanhar e fiscalizar todas as fases dos projetos agropecuários. (INSTITUTO..., 2010, p. 7).

O curso de Agropecuária prevê um regime anual, com a matrícula de forma seriada, sendo cursado no turno diurno, com ingresso anual e oferta de 120 vagas. Tem como tempo de duração 3 anos, sendo o período máximo de integralização, 6 anos. Nesse período os alunos devem cursar 3480h distribuídas entre as disciplinas obrigatórias, bem como, 400h de estágio curricular obrigatório, o que totaliza a carga horária mínima exigida para o curso, de 3880h. O aluno que concluir todos estes quesitos terá o diploma de Técnico em Agropecuária.

O perfil profissional e o campo de atuação são, obviamente, bem específicos para o Técnico em Agropecuária.

> **Perfil Profissional**
> Maneja de forma sustentável a fertilidade do solo e os recursos naturais. Planeja e executa projetos ligados a sistemas de irrigação e uso de água. Seleciona, produz e aplica insumos (sementes, fertilizantes, defensivos, pastagens, concentrados, sal mineral, medicamentos e vacinas). Desenvolve estratégias para reserva de alimentação animal e água. Realiza atividades de produção de sementes e mudas, transplantio e plantio. Realiza colheita e pós-colheita. Realiza trabalhos na área agroindustrial. Opera máquinas e equipamentos. Maneja animais por categoria e finalidade (criação, reprodução, alimentação e sanidade). Comercializa animais. Desenvolve atividade de gestão rural. Observa a legislação para produção e comercialização de produtos agropecuários, a legislação ambiental e os procedimentos de segurança no trabalho. Projeta instalações rurais. Realiza manejo integrado de pragas, doenças e plantas espontâneas. Realiza medição, demarcação e levantamentos topográficos rurais. Planeja e efetua atividades de tratos culturais (INSTITUTO..., 2010, p. 8).

> **Campo de Atuação**
> Propriedades rurais. Empresas comerciais agropecuárias. Estabelecimentos agroindustriais. Empresas de assistência técnica, extensão rural e pesquisa. Parques e reservas naturais. Cooperativas e associações rurais (INSTITUTO..., 2010, p. 9).

O PPC apresenta concepções curriculares que norteiam o curso em questão. Como currículo, este PPC considera como

> um conjunto integrado e articulado de atividades concebidas a partir de uma determinada visão de homem, de mundo, de sociedade, de trabalho, de cultura e de educação, organizadas para promover a construção e a reconstrução do conhecimento, visando ao desenvolvimento dos indivíduos e da sociedade. Por sua vez, a organização curricular constitui-se em um instrumento de mediação para o domínio do conhecimento científico; para o desenvolvimento do pensamento lógico, construtivo e criativo; para a formação de atitudes e, consequentemente, para a efetiva participação social, política, cultural e no mundo do trabalho. Nessa perspectiva, assume-se o processo pedagógico como um processo político, baseado, fundamentalmente, na justiça social, na democracia e nos valores humanistas. (INSTITUTO..., 2010, p. 9).

Quanto a organização curricular, o Curso Técnico em Agropecuária

> [...] **procura contemplar as competências profissionais fundamentais da habilitação, com foco no perfil profissional de conclusão, prevendo situações que levem o estudante a mobilizar e articular com pertinência conhecimentos, habilidades e valores em níveis crescentes de complexidade (PPC – V).** Para tanto, a abordagem dos conhecimentos privilegia os princípios da contextualização e da interdisciplinaridade, agregando competências relacionadas com as novas tecnologias, trabalho individual e em equipe e autonomia para enfrentar diferentes desafios do mundo do trabalho com criatividade e flexibilidade (INSTITUTO..., 2010, p. 10).

No entendimento curricular, o curso apresenta uma "Matriz Curricular por componente curricular" (INSTITUTO..., 2010, p. 10). Os componentes curriculares presentes neste documento, "contemplam conhecimentos de bases científicas, humanas e tecnológicas que permitem uma **maior compreensão das relações existentes no mundo do trabalho (PPC – IV)"** (INSTITUTO..., 2010, p. 10).

Ainda na visão de currículo retratada, revela-se como uma situação ideal, porém não é o que está concretizada quando observada a descrição de cada disciplina (ementas, conteúdos e bibliografia), neste documento (PPC). Na grande maioria das disciplinas as ementas não fazem menção a interdisciplinaridade, trabalho, integração, seja entre conteúdo, entre assuntos etc., com outras áreas do conhecimento, sendo escritas de forma breve e, em alguns casos, descrevendo apenas os conteúdos que serão desenvolvidos.

Da mesma forma, acredita-se que os compromissos metodológicos reflitam o caráter estanque do texto da descrição das disciplinas, onde, mesmo havendo possibilidade real, as disciplinas não demonstram intenção de integrar conhecimentos para uma formação do estudante mais ampla e não apenas restrita àquilo que está descrito no papel.

Esta visão fragmentada da construção do conhecimento, todavia, está presente na realidade escolar. Como já fora afirmado por Almeida (2011), o conhecimento construído na escola é proveniente de duas vertentes, o conhecimento científico (Saber Sábio), proveniente da academia e; o conhecimento escolar (Saber a ensinar), oriundo da formação do professor. Para que este conhecimento científico chegue ao aluno de forma contextualizada, ele passa por uma adaptação, a transposição didática (AGRANIONIH, 2001), que é a forma como o professor vai utilizar o seu conhecimento para contextualizar esse conhecimento científico, de forma que esse novo conhecimento (o conhecimento escolarizado) faça sentido ao aluno. Uma das formas de fazer com que o aluno construa um novo conhecimento e este se torne significativo à ele, é utilizando seus conhecimentos prévios.

Diante do exposto e da análise do PPC, percebe-se que as disciplinas que compõem o curso Técnico em Agropecuária ficam à margem da proposta curricular que se tem explicitada na citação anterior, onde presume-se "[...] para a formação de atitudes e, consequentemente, para a efetiva participação social, política, cultural e no mundo do trabalho" (INSTITUTO..., 2010, p. 9). Para atingir esta proposta curricular, espera-se que em algum momento as propostas disciplinares girem em torno, não apenas de conteúdos, mas que demonstrem através das suas ementas indícios de integração, para que se tenha a formação esperada.

Perante as evidências, ficam os questionamentos: (1) os documentos oficiais exigem a integração entre as AFG e AFT; (2) os professores acham necessária esta articulação, mas; (3) os professores dizem que não fazem essa integração. Onde está a lacuna? Será que realmente esses professores não realizam essa integração ou apenas não sabem sistematizá-la?

Para que assim possa ser executado, o currículo procura

> contemplar as competências profissionais fundamentais da habilitação, com foco no perfil profissional de conclusão, prevendo situações que levem o estudante a mobilizar e articular com pertinência conhecimentos, habilidades e valores em níveis crescentes de complexidade. Para tanto, a abordagem dos conhecimentos privilegia os princípios da contextualização e da interdisciplinaridade, agregando competências relacionadas com as novas tecnologias, trabalho individual e em equipe e autonomia para enfrentar diferentes desafios do mundo do trabalho com criatividade e flexibilidade.
>
> O percurso curricular do Curso busca viabilizar a articulação teoria-prática, mediante o desenvolvimento de práticas nos mais diversos

> componentes da formação profissional. Nesse sentido, a prática se configura como uma metodologia de ensino que contextualiza e põe em ação o aprendizado, sendo desenvolvida ao longo do curso (INSTITUTO..., 2010, p. 10).

Embora o texto acima tenha sido redigido na íntegra, conforme o documento original, no decorrer da análise percebe-se a ausência de itens que indiquem e garantam metodologias que assegurem o desenvolvimento de assuntos/conteúdos de forma contextualizada e interdisciplinar, que abordem os múltiplos saberes, conforme sugerido.

De forma semelhante ao citado anteriormente, a "articulação teórico-prática" prevista, na maioria das vezes está representada apenas por aulas práticas das disciplinas teóricas, o que não cumpre o estabelecido no PPC do Curso, pois este tipo de articulação vai além de apenas aulas práticas isoladas de um contexto social. Porém, deveria visar o aproveitamento de conceitos teóricos construídos a partir daqueles provindo do aluno, para a solução de problemas.

Para dar sustentação à essas premissas, nos utilizamos do conceito de formação integrada apontado por Ciavatta (2006), onde o autor afirma que esta formação deve

> [...] garantir ao adolescente, ao jovem e ao adulto trabalhador o direito de uma formação completa para a leitura do mundo e para a atuação como cidadão pertencente a um país, integrado dignamente à sua sociedade política. Formação que, neste sentido, supõe compreensão das relações sociais subjacentes a todos os fenômenos (p. 923).

No mesmo viés, Ramos (2012) indica que um currículo integrado deve "buscar superar o histórico conflito existente em torno do papel da escola, de formar para a cidadania ou para o trabalho produtivo e, assim, o dilema de um currículo voltado para as humanidades (p. 107)".

Ambos os pensamentos corroboram com a ideia de que os "princípios de contextualização e interdisciplinaridade", bem como a articulação "teórico-prática", vão além do simples fato de colocar em prática um conceito em uma situação isolada. Estes pontos mencionados devem, no entanto, servirem à formação do adolescente/jovem/adulto trabalhador para uma análise e compreensão da realidade social de um modo mais amplo.

Com o mesmo enfoque curricular, Ramos (2012) faz a seguinte análise:

> Os limites de um currículo dualista e fragmentado em disciplinas, desenvolvido por meio de uma prática pedagógica baseada na transmissão de

> conteúdos, não se superam pela substituição das disciplinas pelas competências; ao contrário, esta perspectiva agrava a dualidade. É preciso compreender o que significam as disciplinas no processo histórico de construção de conhecimentos, suas especificidades em termos científicos e escolares e os pressupostos epistemológicos que subjazem à forma hegemônica de organização curricular. Igualmente, é preciso compreender os novos limites trazidos pela pedagogia das competências, motivo pelo qual defenderemos também a necessidade de superá-la e de se redefinir a relação entre conteúdo e o método na integração de conhecimentos considerados gerais e específicos (p. 108).

Quando o autor menciona “É preciso compreender o que significam as disciplinas no processo histórico...” vai ao encontro e reintera o que ora fora dito neste trabalho referente a constituição histórica das disciplinas escolares.

Ainda no enfoque curricular, o referido curso está estruturado em 7 áreas do conhecimento, que totalizam as 3880h obrigatórias, sendo elas

> 660 horas na Área de Linguagens e suas Tecnologias, 540 horas na Área de Ciências Humanas e suas Tecnologias, 960 horas na Área de Ciências da Natureza e suas Tecnologias, 480 horas na Área de Zootecnia, 480 horas na Área de Agricultura, 300 horas na Área de Infraestrutura Rural e 60 horas na Área de Administração e Economia Rural; 400 horas representam o estágio curricular obrigatório (INSTITUTO..., 2010, p. 10).

Sua matriz curricular é apresentada em forma de grade dividida nas séries (1º Ano, 2º Ano, 3º Ano) que compõem o Ensino Médio. Cada série é composta pelas disciplinas da área propedêutica correspondente, bem como aquelas vinculadas a área técnica, sendo distribuída em 48 disciplinas (32 pertencentes a área de formação geral e 16 a área de formação técnica), sendo distribuídas em três anos: o primeiro ano está composto por 16 disciplinas, sendo 12 pertencentes a área de formação geral e quatro a área de formação técnica; no segundo ano são ministradas 10 disciplinas da área geral e cinco da área técnica e; no terceiro ano são cursadas 10 disciplinas da área geral e sete pertencentes a área técnica.

Destas 16 disciplinas que compõem a Área de Formação Técnica 13 são consideradas como tendo relação direta com a Biologia, o que ratifica a relevância de relacionar a Biologia com as disciplinas da Área de Formação Técnica, conforme propusemos na estruturação metodológica deste estudo.

As disciplinas carregam uma conformação da última reestruturação curricular em 2006, quando o ensino volta a ser integrado. Isso faz com que apenas no papel as disciplinas sejam modificadas. Hoje ainda são desenvolvidas por módulos. Ou seja, a disciplina "X" que no PPC mostra vários conteúdos, divididos em itens, cada item é dado por um professor. Ou seja, o caráter modular segue porém é velado pelo plano de ensino da disciplina, que não menciona que a disciplina será ministrado por mais de um professor.

Esta posição já fora mencionada por Ferreira e Garcia (2012) quando os autores analisam o Decreto nº 2.208/97 e avistam a Educação Profissional sendo ofertada em módulos, sendo caracterizados agora como cursos de curta duração, considerando as competências dos alunos para que estes possam concluírem o curso.

Dentre a análise do PPC, percebe-se que em nenhum momento, tanto no perfil profissional quanto na área de atuação, foram mencionas palavras que remetessem a compreensão "integração". Estes itens são compostos por frases soltas. Perante este cenário, questiona-se "onde está a formação integrada"? Haja vista que trata-se de um curso integrado, que visa a formação de um cidadão crítico, com uma visão de sociedade mais ampla.

Até o presente momento tem-se registradas as impressões acerca dos documentos oficiais analisados. No entanto, historicamente, como já foi mencionado, nem tudo que conta nos documentos retrata a realidade vivenciada. Com o propósito de ter-se uma aproximação mais realista do Ensino Médio, buscou-se ouvir a opinião dos professores do Curso Técnico em Agropecuária para, posteriormente, realiza uma triangulação de dados e, porventura ter uma visão mais fidedigna com a realidade.

Análise as falas dos professores a respeito do princípio integrador

Como proposta de investigação para este trabalho foram selecionados, como sujeitos de pesquisa, 08 professores da Área de Formação Técnica (AFT), 02 professores da Área de Formação Geral (AFG) – Biologia e o Coordenador do Curso Técnico em Agropecuária (considerado como um dos oito professores da AFT), totalizando 11 professores a serem entrevistados.

Todos os sujeitos foram contatados, de maneira formal, através do E-mail institucional e alguns também foram convidados pessoalmente. Apenas 05 professores responderam através do E-mail e disponibilizaram-se a participarem da entrevista. Outros 04 professores, por não responderem o E-mail, foram contatados pessoalmente, porém apenas 02 participaram da entrevista. Com ambos os professores foi marcada a entrevista por duas vezes e estes não compareceram. Os outros dois professores, um não respondeu E-mail e tampouco foi encontrado pessoalmente e o outro, nesse entremeio do projeto foi transferido para outro Câmpus. Sendo assim, das 11 entrevistas previstas, foram realizadas 07.

Os professores da AFT foram mais receptivos do que da AFG. Acredita-se que pelo fato destes não serem tão próximos à pesquisadora e não sentirem-se submetidos à uma relação de poder entre os colegas professores (POUPART, 2008).

O que vai ao encontro do fato de a entrevista de um professor da AFG ter durado em torno de 17min, enquanto que as demais, com os professores da AFT tiveram a duração média de 50min. A entrevista realizada com um dos sujeitos da AFG foi extremamente sucinta, o entrevistado não permitiu que o entrevistador "se alongasse" nos questionamentos, respondendo, na maioria das vezes com respostas curtas e objetivas.

Conforme sugere Moraes (1999), para organizar os dados é necessário que as entrevistas sejam transcritas de forma literal para posterior análise. Na sequência, para o processo de unitarização, o autor propõe o uso de palavras, temas, frases ou documentos. Seguindo a concepção de Moraes (1999), o processo de categorização prevê o agrupamento das unidades, já estabelecidas, por semelhança ou analogia.

As categorias foram criadas com base na tradução das falas dos sujeitos (categorização *a posteriori*), que por sua vez evidenciaram temas comuns que remetiam, prevalentemente a dois grandes focos de discussão (categorias), sendo eles: (1) o **perfil pretendido de egresso**, nesta categoria foram agrupadas todas as falas que diziam respeito aos encaminhamentos metodológicos necessários para se assegurar o perfil de egresso pretendido; da mesma forma e; (2) o **principio da integração**, foram categorizadas todas as falas que remetem a forma como os professores compreendem o principio integrador, na educação profissional técnica de nível médio, bem como a forma como os professores o percebem na sua prática cotidiana.

Para estas duas categorias foram associadas subcategorias as quais expressam as falas que as caracterizam. Para a categoria 1, o perfil pretendido de egresso, associaram-se as falas que encaminham para as 2 seguintes subcategorias: **Alternância de focos: preparação para o ENEM ou para o trabalho** e **Relação entre os objetivos de formação e conteúdos.**

As falas que compuseram a categoria 2, deram origem as 5 subcategorias: **Relação interpessoal como facilitadora para a mediação do processo de integração**, **Sobreposição de conteúdos das AFT e AFG**, **Estrutura curricular caracterizada por mera junção das áreas (AFT e AFG)**, **Utilização de exemplos na contextualização como mediadores da integração** e; **Construção do conhecimento considerando as concepções prévias dos alunos**.

As categorias foram assim nomeadas e sistematizadas por se caracterizarem como grandes eixos temáticos em função dos quais se subordinam as falas dos sujeitos, conforme esquematizado na fig. 1.

Figura 1 – Categorização das falas dos professores

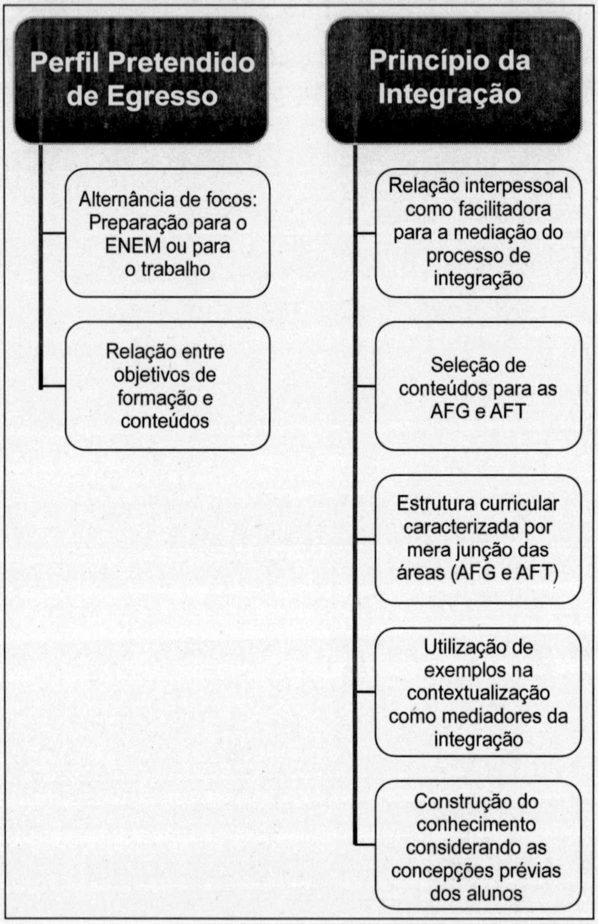

Na sequência, serão descritas as subcategorias e as falas dos sujeitos que as compõem.

Perfil Pretendido de egresso

Para esta categoria, o primeiro grupo de falas faz alusão a **Alternância de focos: preparação para o ENEM ou trabalho,** que surge com a ausência deste objetivo claramente descrito nos documentos institucionais, ou ainda, internalizado pelos professores, conforme as falas de alguns sujeitos:

P1	"[...] tem que vir pra cá esse aluno e fazer o técnico e voltar pra casa trabalhar [...] esses caras aqui, nem todos vão fazer o ENEM [...]"
P2	"[...] perdeu um pouco aquele foco de formação para o trabalho [...] o CaVG é um grade mix [...]"
P3	"[...] ensino médio ser bom então a rigor dele tá vindo e o técnico ele leva meio a reboque [...] formando para os dois [...]"
P4	"[...] deveria formar para o trabalho, né, na minha visão [...] então eu acho que tem que dar base também para fazer uma prova do ENEM [...]"
P5	"[...] eu acho que a grande maioria dos professores que trabalha na área técnica tem esse foco [...] na inserção do aluno que sai daqui, formado em técnico em agropecuária, né?! E a colocação dele no mercado de trabalho [...] propedêutico aqui ele tá focado no Enem [...]"
P6	"[...] o CaVG não é uma escola preparatória para a universidade [...]"

Constata-se pelas falas dos entrevistados que este objetivo de formação não está claro, o que pode dificultar o foco do seu trabalho em sala de aula, pois afinal, é preciso saber como direcionar o processo de ensino e aprendizagem para os alunos, condizente com o perfil que se pretende formar. Na fala dos professores, também, registram-se alguns itens que já foram mencionados por Ramos (2007), como os conhecimentos gerais e específicos.

Frigotto (2012) afirma que a Educação Básica de nível Médio e Integrado tem dois objetivos "desconstruir concepções e práticas que refuncionalizam [...] a desigualdade e o de construir concepções inerentes a uma práxis capaz de transformar [...] nos processos educativos (p. 58)".

Porém, estes objetivos condizem apenas com a escrita do PPI, em que está assegurada uma formação que propicie ao aluno a construção de conhecimento de forma global e, ainda, o capacite para desempenhar uma profissão técnica. Já no PPC do curso, percebe-se claramente o objetivo da formação técnica com intuito de formar um cidadão crítico a partir de uma formação mais ampla. No entanto, no mesmo documento, estão presentes as ementas das disciplinas com seus conteúdos e, estas por sua vez, não fazem menção a esta formação mais generalista, evidenciando apenas a formação técnica, o que vai ao encontro das falas dos professores (P1, P2, P3, P4, P5 e P6) supracitadas. E, ainda corroborando com a fala dos professores, tem-se a visão de Santos (2011) quando o autor se refere a dualidade imposta, do Ensino Médio ora preconizar o a demanda da área profissional e ora preconizar as necessidades da área propedêutica.

Mesmo que não se tenham os objetivos traçados para o Ensino Integrado, tem-se a Resolução CNE/CEB nº 2 que define as Diretrizes Curriculares Nacionais para o Ensino Médio, então continua a dualidade, pois se há uma determinação de que o Ensino Médio deve "preparar" o aluno para prestar o ENEM, fica implícito que em algum momento e de alguma forma o Ensino Médio tem que aproximar os alunos aos conteúdos previamente estipulados para o ENEM.

Pode-se deduzir que, a partir destas informações, o objetivo de formação dos egressos deve ser revisto, tanto para a escrita dos documentos, quanto nos objetivos que os alunos devem atingir para que, de forma mais próximo ao ideal, tenha uma formação integradora que proporcione uma visão mais "local e total" (SANTOS, 2010, p. 73).

Estas informações destacadas nas falas dos professores desencadearam as demais impressões marcadas nesta categoria, afinal, se não se tem um objetivo estabelecido, e por existir um curso técnico, acredita-se que a formação seja construída em cima desta premissa. Então, fica evidente a necessidade de estabelecer a **Relação entre os objetivos de formação e os conteúdos** a serem discutidos no curso técnico em questão. Esta dificuldade origina outra subcategoria sustentada pelas falas de alguns professores da AFT.

P1	"[...] se tu tens uma formação uma formação mais generalista [...] tu consegue entender mais o conjunto [...] quantos vão sair daqui para trabalhar? Então o que eu devo fazer? O que eu tenho que priorizar [...]"
P2	"[...] é deixar o aluno apto a aquela história antiga das competências [...] ser apto a conhecer determinados métodos de irrigação [...]"
P3	"[...] eu tenho uma opinião muito particular dessa integração [...] do ensino médio com o ensino técnico, dentre as disciplinas do ensino médio e do técnico, ou seja, além da integração todos com todos [...] talvez fosse o momento da gente olhar assim, do que que efetivamente é aproveitado do aluno que agente trabalha [...]
P4	"[...] mas a forma de trabalhar a gente vai mudando em função das novas tecnologias que vão surgindo, faz parte de tecnologias [...] foi mudado o não passado [...] formar um técnico que possa atuar no mercado de trabalho [...]"
P5	"[...] se no momento se define, que o aluno que tá aqui ele vai ser prioritariamente preparado pro mercado de trabalho, a biologia não pode ser a mesma [...] não deveria, por que [...] deveria respeitar as particularidades, deveria respeitar seu roteiro básico da biologia que não foge pela determinação nacional [...] mas a agropecuária ela tem que ter um foco diferenciado eu acho que deveria ser assim, mas não é, por isso que eu te digo, nós temos um integrado aqui [...] mesmo que as vezes os assuntos se repitam, claro que tu focando na questão da biologia e eu na questão da produção animal, mas ela tem que se complementar. O aluno tem que sair com essa... fortalecido dessa interação"

Observa-se com clareza que a falta de um objetivo consolidado para a formação dos alunos, faz com que os professores não se sintam seguros quanto ao caminho que devem traçar para que os alunos atinjam determinados objetivos necessários para aquela área do conhecimento.

Espera-se que atualmente a formação de um aluno seja consolidada com base em uma formação crítica e não fragmentada, para que assim ele possa ter uma visão mais ampla no momento de tomada de decisões. Esta visão fragmentada da construção do conhecimento a nível escolar é representada por um currículo formado, basicamente, por disciplinas isoladas. Para o Ensino das

Ciências Naturais, este modelo curricular, no Brasil, tem origem no Imperial Collegio Pedro II, no século XIX, quando, segundo Marandino (2009) são prescritas as disciplinas escolares. Estas por sua vez já apresentavam o caráter positivista, que hoje, passados mais de cem anos, é mantido nas escolas brasileiras. No caso do curso Técnico em Agropecuária essa fragmentação disciplinar, de certa forma, favorece a dificuldade de se planejar um ensino integrado e ainda delimitar o objetivo de formação.

Novamente, ancora-se na trajetória histórica da origem do Ensino Médio Integrado, que conforme já foi citado por Ramos (2011), quando o autor ratifica a necessidade da construção de um currículo que supere este dilema, histórico, da dualidade. A esta ideia de "deixar de lado" a fragmentação do conhecimento e investir em uma visão mais integradora, Santos (2010) atribui a transição paradigmática educacional, quando a partir do paradigma dominante, preconizante de conhecimento deslocado da sua origem, enfatiza a transição para o paradigma emergente, onde enfatiza a construção do conhecimento considerando o ambiente social em que foi concebido, o que levaria a uma compreensão local deste conhecimento.

Ao fim das entrevistas ficou nítido na fala dos professores que para a concretização do Ensino Médio Integrado, o **Princípio da integração** deve ser analisado, tendo em vista que os professores destacaram aspectos que favoreceriam ou dificultariam o processo de integração em uma visão mais geral.

Princípio da Integração

Mediante análise da fala dos sujeitos, percebeu-se que a integração não deve ser considerada apenas à nível de conteúdos entre determinadas áreas. Foi marcante na fala dos professores questões vinculadas ao corporativismo, espaço para discussão de assuntos vinculados ao ensino e a falta de comunicação interpessoal, o que desencadeou a subcategoria, onde a fala dos professorem se remetem a **Relação interpessoal como facilitador para mediação do processo de integração**. Como ilustração tem-se as seguintes falas:

P1	"[...] por que as pessoas são muito corporativas [...]"
P2	"[...] deveria até ficar revezado, tem muito corporativismo, tem muito do fechar minha porta porque eu estou trabalhando e eu mostrar [...]"
P4	"[...] os alunos chegavam na nossa e não sabiam nada de plantas [...] o professor de biologia tinha pós em zoologia e só via zoologia, quando estava para terminar o ano letivo viam alguma coisa de plantas [...]"
P5	"[...] as pessoas são muito vaidosas. Não permitem porque elas tem medo, entendesse?! [...] eles tem uma barreira, agente percebe isso claramente, entre os colegas... bah claramente. A dificuldade que eles tem [...]"

Para estas manifestações dos sujeitos, o conceito de interdisciplinaridade, também se faz presente. Estas visões corporativas acerca do cenário educacional, vão exatamente ao encontro da concepção de interdisciplinaridade de Galvão (2014), quando o autor menciona que é preciso formar parcerias, um relacionamento interpessoal que seja desprovido de interesses pessoais e egoístas, pois isto favorece a construção de equipes de trabalho confiantes, companheiras e leais e que assim poderão compreender, em sua plenitude, os problemas de uma forma generalista e assim poder resolvê-lo.

Entretanto, sua efetivação está vinculada a uma visão de valores que supere a disputa e a competição, prevalecendo uma consciência individual a partir de princípios básicos da interdisciplinaridade, estipulados por Fazenda (2003): "humildade, coerência, espera, respeito e desapego".

Verifica-se que a interdisciplinaridade vai muito além do ato de "relacionar duas, ou mais, disciplinas"; ela permeia inclusive as relações sociais, clamando que esses profissionais da educação relacionem-se em prol de um bem comum, no caso desta pesquisa, o Ensino Médio Integrado.

Esta visão interdisciplinar das relações interpessoais, também aparece quando os entrevistados comentam da falta de espaços para discussão de temas ligados ao Ensino Integrado, bem como, a falta de comunicação entre os professores.

P1	"[...] eu nunca tive esse momento de conversa [...] eu solicitei que agente fizesse uma apresentação da disciplina para cada um dos professores, todos juntos [...]"
P2	"[...] tentei criar essa discussão do integrado e ai... é... permitindo que grave... aí um corporativismo das cargas horárias da disciplina a mando das disciplinas, a diminuição das disciplinas [...] menos carga horária [...]"
P3	"[...] convoca uma reunião para todos os professores do curso [...] que dão aula naquele curso, mas não vai ninguém, são pouquíssimos, quando na realidade seria muito importante a gente discutir, aquele é o momento de falar de geografia, de física de educação física, com o professor de português [...]"
P4	"[...] acho que ta faltando uma aproximação maior, uma conversa maior pra gente conseguir expor isso, olha eu preciso que a química trabalhe isso, a física isso [...] então teria que ter uma conversa, reunião [...]"
P5	"[...] completo desinteresse [...] descomprometimento, o pessoal não tem o comprometimento [...] É difícil, se agente não consegue trazer todos do técnico, tu imagina trazer o pessoal dá... [...]"
P6	"[...] talvez por falta de oportunidade de encontro. Hoje se faz mais reuniões do que se fazia [...] várias vezes já houve isso, mas depois... eu acho que começa todo mundo a trabalhar e segue a sua rotina e acaba que o encontro não se propicia, mas várias vezes se fez isso... se tentou fazer, né?! Se tentou!"

Tais expressões apresentam-se no mínimo contraditórias, pois se existe um espaço para discussão das questões vinculadas ao ensino, porque existe forma paralela a falta de comunicação? Novamente, corrobora-se com a fala, supracitada de Galvão (2014).

Em relação aos conteúdos, foi possível agrupar falas que versassem sobre a **Seleção de conteúdos para as AFG e AFT.** No que diz respeito à integração percebeu-se que os professores destacaram a importância do aprofundamento de conteúdos, conforme as seguintes falas:

- A importância do aprofundamento dos conteúdos

P1	"[...] eu falo aquelas coisas básicas, para o cara quando vai chegar na disciplina específica [...] pelo menos com uma ideia como o outro professor vai desenvolver [...]"
P2	"[...] eu posso aprofundar mais [...] em outras coisas [...] dar mais tempo para fazer aulas práticas, enfim [...]
P3	"[...] acho que ganharia boas horas, cortando essas coisas e diminuindo se ganharia boas horas para serem gastas com coisas que precisam ser [...] com o aprofundamento [...]"
P4	"[...] quando eu estou falando ali nas minhas aulas de genética [...] eu não aprofundo né na genética né que vê lá no terceiro anos e os meus alunos não tem essa noção [...]"

- A repetição e sobreposição dos conteúdos

P1	"[...] eu acredito que tu consolide o conhecimento muitas vezes por repetição e essa repetição não significa decoreba [...] e decorar também muitas vezes é a saída [...]"
P2	"[...] ensino médio integrado pra mim é assim ó, primeiro não repetir conteúdos [...] cada conteúdo tem que ser dado com um foco [...]"
P3	"[...] porque às vezes tem conteúdos que se sobrepõe, é verdade [...] não necessariamente é uma coisa ruim [...] mesmo que lá eles vejam com a profundidade que deva ser vista e aqui com a profundidade que deva ser vista [...]"
P4	"[...] eu acho que não tem problema que ocorra essa repetição [...]"
P5	"[...] mesmo que as vezes os assuntos se repitam, claro que tu focando na questão da biologia e eu na questão da produção animal, mas ela tem que se complementar. O aluno tem que sair com essa... fortalecido dessa interação [...]"

- A desarticulação e descontinuidade dos conteúdos

P1	"[...] muitas vezes a disciplina que tu deu no primeiro trimestre como a gente tinha e pra um terceiro que tem uma relação porque ela faz parte [...] tu chama o conhecimento já eles não fazem a relação, não fazem o link [...] talvez isso, seja a coisa mais difícil que nos tenhamos porque as pessoas [...] parece que deixam um arquivo fechado e tanto, é que tu, muitas vezes a disciplina que tu deu no primeiro trimestre como a gente tinha e pra um terceiro que tem uma relação porque ela faz parte [...] chama o conhecimento já e eles não fazem a relação, não fazem o link [...] por isso que eu disse [...] é uma questão da lógica [...] pra mim é uma questão da lógica, na formação do conhecimento dele [...]"

continua...

continuação

P3	"[...] porque ela representam uma, uma descontinuidade entre as coisas que poderiam fluir muito mais do que torna as vezes nossos alunos [...] não é que eles sejam menos inteligentes [...] mas na formação deles faltou a parte ali que é essencial [...] e lá pra frente ele já construiu um conhecimento, mas construiu fraco porque ele não sabe de onde veio aquilo ali [...] ele não relaciona [...] não faz o mínino sentido [...] pra mim assim essa estrutura é o maior problema que tem na formação sabe por que, porque elas representam, uma, uma descontinuidade entre as coisas que poderiam fluir muito mais isso que torna as vezes os nossos alunos [...] então o que, que acontece as vezes o aluno ele tem capacidade de entender um problema de química ou de física ou de biologia certo, mas na formação dele faltou parte ali que é essencial [...] e lá pra frente ele já construiu um novo conhecimento mas construiu fraco porque ele na sabe de onde veio aquilo ali ele não relaciona uma coisa com a outra ele não relaciona exatamente não faz sentido não, não faz o mínimo sentido [...]"
P4	"[...] eu trabalho com solos no primeiro ano [...] eu preciso que trabalhe pH [...] pH é no segundo ano [...] então eu vejo assim ó [...] teria que ter uma conversa, reunião [...] para ver e equalizar isso [...] melhoramento animal, que nós temos disciplinas que é dado no segundo ano, envolve genética e é vista no terceiro ano, o que eu acho que deveria ser feita passada para o segundo, eu acho que deveria ser feito isso, ou passar melhoramento para o terceiro [...]
P5	[...] mas ninguém trabalha aqui de forma integrada mesmo no técnico... Se eu focar lá nos defensivos orgânicos, que eu posso criar num pomar, pomares coloniais, enfim, mas agente não trabalha integrado. Tu tá tu fala sobre o assunto, mas de forma isolada. Assim como a professora de fruticultura, que seja, vai falar focando na parte de produção vegetal mesmo [...]"

- A contextualização dos conteúdos

P1	"[...] fazer a parte introdutória de qualquer assunto, sempre conseguindo ilustrar com questões práticas do dia a dia [...] a gente trabalha sempre utilizando como exemplo o sistema humano [...] eu sempre faço essa comparação, que muitos ficam com medo, que o aluno pode comentar [...]"
P2	[...] no RS é arroz irrigado [...] o livro que a gente tem aqui da Embrapa dos órgãos de bibliografias, são todos para arroz irrigado o método de irrigação e toda a bibliografia de asperção região norte e nordeste do Brasil e ai todos exemplos são exemplos aplicados para o mamoneiro, bananeiro ou algodão, poxa mais aqui a gente não cultiva isso, então eu vou fazendo recortes dessas bibliografias e vou montando uma apostila regionalizada assim [...]
P3	[...] que na década de sessenta no dia que nascia um pintinho até o dia que tu abatia ele lá pra mandar para o super mercado lá onde a gente compra, levava [...] do pintinho nascer até abater levava noventa dias, hoje leva quarenta e dois dias, seis semanas isso tudo deve-se ao melhoramento genético claro a gente vai chegando num limite né [...]
P4	[...] a gente faz a poda pra se ter tamanhos maiores que é o que se tem mais aceitação no comercio, então tudo é explicado como fazer [...] Quais culturas, não vamos botar um cultura que não é daqui, do nordeste digamos né...então a gente direciona para aquilo que a gente tem [...]
P5	[...] mas é aquilo que eu te disse, daqui a pouco surge oportunidade, as vezes os guris me dizem: olha temos que vacinar. Bom então eu analiso e aquela semana eu já mudo o programa [...] Paro tudo para vacinar com os alunos. É o momento da aula prática [...]

Evidenciam-se quatro situações diferentes quando se menciona a questão dos conteúdos a serem ministrados ao Ensino Médio Integrado: primeira, os conteúdos disciplinares devem ser mais aprofundados da forma como estão postos, o que favoreceria a formação com o objetivo de formar técnico;

segunda, a repetição e sobreposição de conteúdos para alguns, favorece o ensino, enquanto outros não concebem a repetição/sobreposição como válidas para o ensino integrado, o que levaria a uma "perda" de tempo com conteúdos repetidos; terceira, a desarticulação e descontinuidade dos conteúdos, sendo consideradas como itens que desfavorecem a integração, pois não permitem que o aluno desenvolva um raciocínio lógico para a construção do conhecimento, e;quarta, a contextualização dos conteúdos, como fator que favoreceria o princípio integrador, haja vista que os alunos poderiam fazer relações com aquilo que lhes é "perceptível" e assim atribuir significados favorecendo a uma aprendizagem significativa.

Neste sentido, a questão que se refere à seleção do conteúdo parece ser um item em evidência para uma análise mais profunda. No entanto, para estipular conteúdos, é necessário primeiramente, estipular o objetivo de formação do egresso Técnico em Agropecuária, para posteriormente selecionar conteúdos que forneçam subsídios para cumprir o perfil estipulado.

Estas impressões evidenciadas pelos professores estão, de certa forma, atreladas a origem positivista das disciplinas, onde os conhecimentos deveriam ser reduzidos até chegarem ao aluno; e também vinculados a expressão do Paradigma Dominante, citado por Santos (2010), com sua concepção de verdade absoluta e que não sofre interferência do meio social.

O conhecimento, desde sua gênese, é construído de forma desarticulada, pois nasce em um momento em que o Paradigma Dominante estabelece uma verdade única e não permite a intervenção social na construção do conhecimento, o que dificulta a interdisciplinaridade e o desenvolvimento do princípio integrador, considerando que ambos levam em conta a intervenção do meio social para a construção do conhecimento. Nota-se, também que, em contrapartida, outros professores permeiam o paradigma emergente estabelecido por Santos (2010), pois se permitem trabalhar com o novo, permitem a integração da visão do aluno em sua sala de aula inserindo os conceitos que estão sendo discutidos na realidade em que estão inseridos.

Infere-se que, segundo os professores, ao explorarem assuntos dentro das duas disciplinas, eles buscam contextualizar os assuntos para que estes possam fazer sentido aos alunos e assim favorecer uma aprendizagem significativa. Ao mesmo tempo, os sujeitos demonstram que os conteúdos não são explorados de uma forma "lógica" ou que tenha uma sequência que favoreça a aprendizagem; o que leva os alunos, muitas vezes, a construírem conceitos isolados em cada disciplina.

Dando continuidade às subcategorias formadas dentro da categoria Princípio da Integração, tem-se a **Estrutura curricular caracterizada por mera**

junção entre as áreas (AFG e AFT), na qual foi estabelecida pela união das seguintes manifestações dos sujeitos:

P2	"[...] segunda condição que cada conteúdo dado tenha um foco [...]"
P3	"[...] mas será que isso aqui é importante para que vai ser técnico em agropecuária, bom vamos avaliar né?! [...] Essa integração é dificil né porque, o que acontece, lembra que já teve uma época aqui que nós tinhamos matrícula [...] num determinado momento o ensino médio e o proficionalizante foi separado [...] inclusive tinha alunos com duas matrículas [...] pra mim a única coisa que mudou foi o nome e agora só mudou o nome de novo, e antes era uma matrícula, depois passou a ser duas e agora voltou a ser uma só mudou isso [...] segue a mesma coisa [...] Ele não é integrado [...]"
P4	"[...] Essa reestruturação curricular [...] os professores disseram que existe essa deficiência de conteúdo [...] uma coisa que não tem, extensão rural, agroindústria, tá no programa, mas não vê e também a parte de produção de sementes [...]

As referências feitas pelos professores indicam que, mesmo com a reforma curricular, onde o Ensino Médio volta a ser integrado com o Ensino Técnico, não ocorreu a construção efetiva de um ensino integrado, com a reformulação da lei, o ensino técnico também não foi modificado, apenas adaptado, nas formas documentais, para adequar-se as exigências estipuladas pela lei. Tanto na fala de P3, quanto a análise realizada nos documentos oficiais, indicam que não há indícios de integração entre o Ensino Médio e o Ensino Técnico.

Por trás dos conteúdos que devam formar um Técnico em Agropecuária, acredita-se ser necessária uma reestruturação curricular, onde este documento aborde assuntos que possam contemplar tanto a formação propedêutica quanto a formação técnica.

As falas de P2, P3 e P4 reafirmam a citação de Ferreira e Garcia (2012), quando os autores mencionam que, através do Decreto nº 2.208/97 a educação profissional passa a ser ofertada em módulo e o que corrobora com a análise de Frigotto (2012), onde o autor afirma que este decreto instaura-se para acelerar a oferta de mão de obra para o mercado da mesma forma que ratifica a visão fragmentada do ensino. Podem-se aproximar também estas falas a um viés interdisciplinar, sustentado por Almeida (2014), quando o autor faz uma reflexão sobre a ênfase, na formação que os professores estão proporcionando aos seus alunos, devendo estes profissionais propiciar aos alunos situações em que eles sejam capazes de superar suas dificuldades através de espaços de aprendizagem.

As questões que permeiam a integração ainda geram inquietudes, considerando, que muitas vezes não se tem claro o conceito/objetivo de como fazer essa integração. Nota-se pela fala dos professores que eles não têm claro o princípio integrador. Assim, sendo considera-se a afirmação de Gramsci (1981 *apud* CIAVATTA, 2012), para delimitar integração, que conforme o autor, integração se remete a compreensão das partes que forma um todo, fazendo com que a área de formação geral se torne parte inseparável da área de formação técnica.

Conforme já fora dito, essa ausência de clareza nos objetivos do ensino médio percorre mais de 100 anos, quando registramos na fala de Sousa Filho (1887) a decadência do Ensino Secundário. O que se torna atual, quando na fala de Ramos (2011), passados 124 anos o autor comenta que segue a necessidade da formulação de um projeto para o Ensino Médio que supra a dualidade existente no Ensino Médio de nível Técnico.

Seguindo o viés da integração, alguns professores sinalizam a realização de uma integração, quando mencionam exemplos de suas metodologias aliadas a contextualização do que está sendo trabalhado, configurando um grupo de falas como no caso da **Utilização de exemplos na contextualização como mediadores da integração**.

P1	"[...] ilustrar com questões prática do dia a dia [...] particularmente agente trabalha sempre utilizando como exemplo o corpo humano [...]"
P2	"[...] trabalho irrigação [...] quando a gente começa a trabalhar a absorção de água pela planta [...] tem que entrar lá na questão da célula [...] poxa aqui na região não cultiva isso [...] vou montando uma apostila regionalizada [...]"
P3	"[...] eu posso até melhorar a produção dela [...] só dar alimento [...] mas que é responsável naquela capacidade são os genes [...] estão dentro das células, lá, lá os cromossomos e o DNA [...] eu sempre fazia link com a vida deles [...] na década de 60 no dia que nascia um pintinho até o dia que tu abatia ele [...] levava 90 dias [...] hoje leva 42 [...] isso tudo se deve ao melhoramento genético [...]
P4	"[...] é comum assim da genética o gene para o lóbulo da orelha [...] eu acho que tem que trazer para a realidade do curso, então como é aquela característica para o tomate [...] Quais cultura, não vamos botar uma cultura que não é daqui, do nordeste digamos, né, então agente direciona para aquilo que agente tem [...]"
P5	"Temos. Muitos... **(o sujeito refere-se aos alunos filhos de produtores que retornam para casa)** Temos muitos que já aplicam o que é visto em sala de aula mesmo sem ainda ter o diploma em mãos, mas levam pra suas casas ideias, né, as pequenas mudanças, como agente diz em sala de aula, são pequenas mudanças que trazem um resultado excelente, em termos de produção animal e vegetal, também [...]"

Identificou-se na fala dos sujeitos uma relação entre integração e exemplificação de situações, porém, a visão de formação integrada deve ir além de alguns exemplos trabalhados em sala de aula. De acordo com o que menciona Ciavatta (2012) os alunos devem ter direito a uma formação que privilegie uma formação mais ampla, que o permita compreender relações sociais e fenômenos que a cercam.

Por fim, para completar os itens que abarcam a categoria Princípio da integração, agregou-se as falas dos sujeitos que mencionassem a **Construção do conhecimento considerando as concepções prévias dos alunos**, como subcategoria, que versa sobre a necessidade dos professores em adaptarem suas metodologias para mediar o processo de ensino e aprendizagem, da mesma forma, que utilizarem os conhecimentos prévios dos alunos para intervir na construção do conhecimento escolarizado.

Seguindo esta direção, foram destacas as seguintes falas dos professores:

P1	"[...] criar uma metodologia é tua forma de tu conseguir envolver os alunos, não é? [...] o cara vive aquilo, mas não sabe o que é aquilo [...]"
P2	"[...] eles vem com esse conhecimento empírico [...] o ritmo do aluno é que determina [...] então aí eu vou pulando coisas [...]"
P3	"[...] eles trazem essa bagagem e é importante pó que aí a para a aula pra gente resolver aquela história [...] eu desenvolvi uma metodologia que eu acho que funciona tão bem [...]"
P4	"[...] é bem interessante, por que eles trazem experiências, ah, mas na minha propriedade a gente faz assim [...] bom eu gosto de usar várias formas de trabalhar [...]"
P6	"[...] um pouco de matéria e muito exercício [...]

Quando se menciona a utilização de conceitos prévios trazidos pelos alunos, Moreira e Masini (2001) entendem como os organizadores prévios que servem para ancorar, dar sentido, para uma nova aprendizagem. Complementando este pensamento, Ranghetti (2014) ao sintetizar Fazenda, diz que o conhecimento é construído a partir dos referenciais trazidos por cada sujeito e o autor ainda ressalva, relacionado esta construção à interdisciplinaridade.

Ainda se tratando de conhecimentos trazidos pelos alunos, com um viés interdisciplinar, Ranghetti (2014) socializa uma experiência para a elaboração de um conceito próprio criado pelos alunos, o que vai ao encontro da proposta do conhecimento escolarizado. O autor percorre alguns itens (citados em capítulos anteriores) para mediar a construção de conceitos pelos alunos.

Esta prática está registrada nas menções feitas pelos professores P1, P2, P3, P4 e P6, como sendo parte de suas estratégias metodológicas para propiciar uma aprendizagem significativa aos alunos.

Tais informações vão ao encontro do que se propõe com as três vias de saberes, para que com o auxilio da transposição didática entre duas vias, se possa ter uma visão interdisciplinar entre as AFG e AFT e por consequência um possível ensino técnico integrado.

Boaventura Santos (2010) afirma a necessidade de trabalhar os conhecimentos prévios dos alunos. Com o enfoque no curso técnico, o autor passa a ideia de que na Pós-modernidade, quanto mais "útil" for o conhecimento, mais sentido fará na vida do aluno. E é o que se busca com o Ensino Médio Integrado, que este aluno tenha condições de usufruir do que foi construído no ambiente escolar com uma visão científica e social.

Seguindo um viés interdisciplinar, Garcia (1997, p. 3 *apud* RANGHETTI, 2014) afirma que, está (re) construção realizada pelo aluno vai ao encontro da teoria da interdisciplinaridade, pois faz com que o conceito seja "seu", o que auxiliaria nas práticas sociais.

Ao final...

Como objetivo geral desta pesquisa, pretendia-se verificar a percepção dos professores do Curso Técnico em Agropecuária com relação ao princípio integrador na sua prática docente no Ensino Médio. Para atingir este objetivo foi preciso analisar os documentos oficiais, buscando o princípio integrador, reconhecer nos planos de ensino aspectos vinculados ao princípio integrador e analisar a percepção dos professores sobre o princípio integrador.

Ao final desta trajetória de pesquisa, e com o auxílio dos documentos oficiais, consolida-se a impressão de que a educação brasileira vive a partir de ciclos, em especial o Ensino Médio integrado, onde seus objetivos variam conforme a situação econômica, social e educacional do país. Registra-se de forma nítida que os objetivos do Ensino Médio Integrado, deveriam ser concomitantes e não alternados, como evidenciado nos textos legais, da mesma forma, que estes objetivos deveriam ser mais claros e sucintos.

Também a partir do PPI, foi possível identificar que existe a intenção de que o princípio integrador seja cumprido pelas instituições de ensino (neste caso o CaVG), porém, o PPC do curso em questão é contraditório, pois ao descrever a proposta do curso, menciona alguns itens que poderiam ser relacionados ao princípio integrador, no entanto, se seguir-se a leitura do documento, adiante percebe-se que, as ementas que norteiam as disciplinas do curso, não fazem nenhuma menção a esta forma de integração.

Estas demandas foram além da fala dos professores. Observou-se que, se é difícil integrar "no papel", quem dirá ter uma integração efetiva no processo ensino aprendizagem?! Ainda com relação à integração, foi muito marcante na fala dos sujeitos a falta de comunicação pessoal, o que levaria, novamente, a uma falta de integração efetiva.

Em contrapartida, nas mesmas falas, notou-se que os professores ao descreverem suas práticas, utilizaram de forma muito apropriada, exemplos os quais indicariam que de fato existe uma integração, o que parece, é que os professores não percebem a sua prática docente como integradora e ainda, quanto aos seus planos de ensino que não mencionam integração, fica evidente a falta de articulação entre a ação e o registro.

Iniciou-se esta pesquisa com uma trajetória acadêmica que trazia anseios relacionados aos objetivos a que o Ensino Médio Integrado se propunha e a forma como os professores realizavam suas metodologias para atingir este principio integrador. Agora, após a exploração de dados, conclui-se que estes objetivos ainda não estão claramente definidos e que alguns professores realizam, mesmo que de forma inicial, esta integração. Porém, esta pesquisa visa ampliar as discussões sobre o tema princípio integrador, pois o PPC do Curso Técnico em Agropecuária esta em fase de readaptação e pretende-se utilizar esta pesquisa e o produto que foi gerado dela, para auxiliar na construção deste documento, e que o Curso Técnico em Agropecuária possa ter, mesmo que apenas na forma escrita, um ensino mais próximo do que se idealiza como integrado.

O PRODUTO

Ao final desta trajetória de pesquisa, faz-se necessária a construção e apresentação de um produto educacional. Este produto construiu-se com base nos pressupostos teóricos e metodológicos apresentados neste trabalho e nas necessidades que foram registradas de forma recorrente na fala dos sujeitos entrevistados.

Sendo assim, este capítulo versará sobre a construção e a utilização deste produto educacional.

BASES TEÓRICAS QUE SUSTENTAM A CONSTRUÇÃO DO PRODUTO

Na sua gênese, o Ensino Técnico vem sendo construindo carregado de uma concepção engessada e de "produção" de mão de obra tecnicista, onde, no cenário educacional, os professores não tinham como objetivo instigar os alunos a produzirem conhecimento e refletirem sobre suas ações e concepções.

Como resultado de mudanças políticas econômicas e sociais, esse perfil de formação de alunos para o ensino técnico, oscila a cada mudança de governo, o que reflete de forma direta no objetivo de formação da educação profissional, que ora enfatiza o Ensino Técnico em detrimento do Ensino Propedêutico e ora prioriza o Ensino Propedêutico em detrimento do Ensino Técnico. Essa dualidade, em que "um se sobrepõe ao outro", faz com que ao longo do tempo a Educação Profissional Técnica não construa um objetivo sólido de formação.

Mantendo a perspectiva histórica, Ensino Técnico, carrega uma concepção de ser destinado àqueles sujeitos mais pobres e desvalidos. Com o passar dos anos esta visão foi se modificando, mas nunca perdendo a essência de uma educação desvalorizada. Em termos de legislação, a cada lei referente a Educação que era promulgada, modificava-se o objetivo deste nível de ensino, ora sendo ofertado apenas nível Técnico e ora integrado ao nível Médio.

Esta ideia de dualidade é apresentada, também por Ciavatta e Ramos (2011)

> No caso do ensino médio e da educação profissional, essa visão dual ou fragmentada expressa-se, historicamente, desde a Colônia, pela reprodução das relações de desigualdade entre as classes sociais, na separação entre a educação geral, como preparação para os estudos superiores, e a preparação imediata para o mercado de trabalho, funcional às exigências produtivas (p. 28).

No decorrer do período histórico algumas medidas foram sendo tomadas, condizente com a fala de Santos (2011), no início do Século XX foram fundadas as Escolas de Aprendizes e Artífices, sustentada por uma visão política e social que se propunha a embasar o desenvolvimento industrial, já que o pais vivia em ummomento econômico voltado aos processos industriais, prevendo uma emancipação econômica e política.

Tendo a legislação como gatilho para implementação de políticas educacionais, percebe-se com a criação da primeira Lei de Diretrizes e Bases da Educação, LDB nº 4.024/61 que tentou-se manter a articulação entre o Ensino Secundário e o Ensino Técnico. Porém, novamente por influência política, na década de 70 a dualidade no objetivo de formação do Ensino Técnico, fica, novamente evidenciada, quando na LDB nº 5.692/71 é novamente desarticulado o Ensino Técnico do Ensino Médio. O que faz ratificar a alternância de prioridades para o Ensino Médio.

Mais uma vez, com a mudança de regime político, em 1996 entra em vigor a nova lei que irá reger a educação nacional até o presente momento, a LDB nº 9.394/96. Esta lei manifesta a possibilidade da integração dos Ensino Médio com o Ensino Técnico. No entanto, com o passar dos anos, novos referenciais infralegais são criados conforme a necessidade que ia sendo imposta pela situação econômica, política e social do país.

É quando entram em vigor, de forma cronológica:

- Decreto nº 2.208/97: reprova a forma integrada do Ensino Médio contida na LDB nº 9.394/96.
- Decreto nº 5.154/2004: determina a Educação Profissional sendo desenvolvida também em nível médio.
- Lei nº 11.741/2008: altera a LDB nº 9.394/96 modificando as ações previstas para a educação técnica, fazendo com que está seja integrada à educação profissional técnica de nível médio.
- Resolução CNE/CEB nº 6/2012: informa que a educação profissional de nível médio poderá ser ofertada nas formas integradas, concomitantes ou subsequentes ao Ensino Médio.

Após breve análise na legislação, fica evidente a alternância de foco no objetivo da Educação Profissional no Brasil.

Permeando além das questões legais, existem focos que devem ser considerados quando ser pretende construir um Ensino Integrado. A dualidade instaurada neste ensino, ocorre devido a dois forte objetivos: preparação para o trabalho em detrimento da preparação para a continuidade da formação acadêmica ou vice-versa.

Para tanto, o trabalho como princípio educativo, deve ser considerado conforme a os seguintes conceitos descritos por diferentes autores

> A concepção de trabalho como princípio educativo edifica-se baseando-se no conceito de atividade teórico-prática e tem como horizonte, o surgimento, a formação e o desenvolvimento da consciência humana [...] consciência entendida como a característica fundamental que distingue os homens dos animais e que se manifesta na expressão do psiquismo [...] (FRANCO, 1994, p. 106-107).

> [...] garantir ao adolescente, ao jovem e ao adulto trabalhador o direito de uma formação completa para a leitura do mundo e para a atuação como cidadão pertencente a um país, integrado dignamente à sua sociedade política. Formação que, neste sentido, supõe compreensão das relações sociais subjacentes a todos os fenômenos (CIAVATTA, 2012, p. 85).

Desta maneira, pretende-se que a formação vinculada ao Ensino Integrado propicie aos estudantes uma concepção reflexiva das suas ações em detrimento do que se tinha posto à educação técnica, uma educação tecnicista, voltada ao "treinamento" para uma função.

Porém para que esta visão tecnicista deixe de prevalecer, deve-se embasar a construção do conhecimento na visão de Boaventura Santos (2010), onde o autor prevê uma construção de conhecimento pautado na relação entre os conhecimentos das áreas das Ciências Naturais e Sociais em favor das humanidades e de uma nova visão científica; na expressão das necessidades locais como foco para a construção de um conhecimento global; na construção como conhecimento tendo como premissa o conhecimento de senso comum, no caso particular da educação, nos conhecimentos manifestados tanto pelos alunos, quanto aqueles arraigados na formação dos saberes do professor, e; no conhecimento como autoconhecimento, onde, também na visão educacional, o professor deve refletir sobre sua prática para e seus saberes para poder reconduzi-la e fazer a transposição do saber científico para o saber escolarizado.

Presume-se então que, a ação didática que contemple a o Ensino Integrado, deva ignorar o engessamento de roteiros didáticos previamente planejados com a intenção de suprir as necessidades de "qualquer" professor em "qualquer" meio social, ou seja, roteiros genéricos que "favoreçam" o trabalho do professor.

Com o dinamismo das ciências e das tecnologias, na atualidade almeja-se um ensino capaz de propiciar tanto ao aluno quanto ao professor momentos em que estes sujeitos possam refletir suas ações, enquanto pessoas e enquanto profissionais.

Em se tratando do professor, hoje pretende-se que este profissional da educação seja capaz de refletir sobre sua própria pratica docente, que seja capaz de repensá-la e só assim reorganizá-la/replanejá-la.

Associando esta visão ao caso específico do Ensino Médio Integrado, acredita-se que o professor ao realizar seu planejamento deva embasá-lo nos princípio norteadores – neste caso, o princípio integrador –, e a partir desta premissa considerar, de forma prioritária, os caminhos metodológicos necessários para atingir os objetivos estabelecidos para aquela aula/situação e assim, contemplar o princípio integrador, incitando à uma educação integrada.

CARACTERIZAÇÃO DO PRODUTO

Os cursos de Mestrado Profissional, orientados pela Coordenação de Aperfeiçoamento de Pessoal de Nível Superior (CAPES), tem como prioridade atingir um público alvo diferenciado. No caso daqueles direcionados a educação, o público são os professores da Educação Básica Brasileira, para que estes profissionais possam, através do seu estudo teórico durante o período do curso, redimensionar demandas encontradas em suas instituições de origem. Conforme portaria os objetivos do mestrado profissional são

> I – capacitar profissionais qualificados para o exercício da prática profissional avançada e transformadora de procedimentos, visando atender demandas sociais, organizacionais ou profissionais e do mercado de trabalho; II – transferir conhecimento para a sociedade, atendendo demandas específicas e de arranjos produtivos com vistas ao desenvolvimento nacional, regional ou local; III – promover a articulação integrada da formação profissional com entidades demandantes de naturezas diversas, visando melhorar a eficácia e a eficiência das organizações públicas e privadas por meio da solução de problemas e geração e aplicação de processos de inovação apropriados; IV - contribuir para agregar competitividade e aumentar a produtividade em empresas, organizações públicas e privadas (BRASIL, 2009).

Partindo desta exigência estabelecida pela (CAPES) este produto foi projetado como item necessário para a obtenção do título de Mestre em Ciências e Matemática e com base na necessidade do professor em planejar sua ação pedagógica sustentada nos princípios que regem o IFSul, bem como o Curso Técnico em Agropecuária.

Conforme o Regimento do Programa de Pós Graduação em Ensino e de Ciências e Matemática (PPGECM), ao concluir o curso de Mestrado Profissional, o discente deve

> [...] reconhecer que o exercício da profissão de professor de Ciências e Matemática, que busque intervir na escola buscando novas alternativas educacionais, deve estar ancorado no conhecimento e análise critica dos problemas educacionais brasileiros a partir da identificação do contexto da realidade escolar e dos fatores determinantes no processo educativo, tais como o contexto sócio-econômico, política educacional, administração escolar e fatores específicos do processo de ensino e aprendizagem (UNIVERSIDADE FEDERAL DE PELORAS, s.d.)

Com base na formação construída ao longo do Curso de Mestrado Profissional e na necessidade do professor atuante no Ensino Médio Integrado, foi criado um instrumento de planejamento onde o este profissional poderá observar e refletir se determinada proposta pedagógica atende aos fundamentos presentes nos documentos norteadores e, assim, reflexionar sobre sua prática docente.

Esta proposição de produto pretende que o professor possa, de forma autônoma, alicerçar teoricamente sua produção didática de forma autoral demonstrando sua capacidade particular de estabelecer as relações integradoras da sua visão de Ensino Médio Integrado. Desta forma, descartamos as propostas didáticas engessadas, artificiais, que não permitem a interferência do professor.

Ainda pretende-se, com esse produto, auxiliar o professor no momento da construção do seu planejamento acostumar-se/disciplinar-se a pensar sua ação didática em atendimento aos fundamentos norteadores do princípio integrador, sempre mantendo uma visão de didática não reprodutiva, sem intencionalidade definida.

Para a construção deste instrumento, apoiou-se teoricamente de Boaventura Santos (2010), quando o autor menciona o Paradigma Emergente como desmistificador das verdades absolutas, enfatizando, prevalecendo o trabalho do professor como inusitado, considerando o saber como contextual e que todo produto de conhecimento considera as particularidades. Da mesma forma que Vasconcellos (1992) deu suporte para a construção do aporte metodológico que será explorado neste instrumento.

Vasconcellos (1992) retrata que as metodologias utilizadas em sala de aula, são na maioria das vezes ditas "tradicionais", por apresentar um caráter academicista. À esta metodologia tradicional o autor associa o trabalho do professor como "transmissor" do conhecimento, onde segue uma metodologia que predomine: "a apresentação do ponto; resolução de um ou mais exercícios modelo; proposição de uma série de exercícios para os alunos resolverem (p. 2)".

Como resultado da aprendizagem embasada nesta metodologia, Vasconcellos (1992) afirma ser uma metodologia com alto risco de não aprendizagem, pois infere baixo nível de interação sujeito-objeto do conhecimento; propiciando a formação de um homem passivo e não crítico. Estas premissas do autor vão ao encontro da proposição que pretende-se ilustrar de instrumento de planejamento.

À vista do exposto, Vasconcellos (1992) defende uma metodologia dialética que entende

> [...] o homem como um ser ativo e de relações. Assim, entende que o conhecimento não é "transferido" ou "depositado" pelo outro (conforme a concepção tradicional), nem é "inventado" pelo sujeito (concepção espontaneísta), mas sim que o conhecimento é construído pelo sujeito na sua relação com os outros e com o mundo. Isto significa que o conteúdo que o professor apresenta precisa ser trabalhado, refletido, re-elaborado, pelo aluno, para se constituir em conhecimento dele. Caso contrário, o educando não aprende, podendo, quando muito, apresentar um comportamento condicionado, baseado na memória superficial (p. 2).

O autor ainda entende que, dentro deste viés dialético, cabe ao professor o papel de além de apresentar aos alunos os elementos que serão conhecidos, despertar e acompanhar o interesse dos discentes pelo conhecimento. Como proposta metodológica dialética, Vasconcellos (1992) propõe "três grandes dimensões ou preocupações do educador no decorrer do trabalho pedagógico [...] mobilização para o conhecimento, construção do conhecimento, elaboração da síntese do conhecimento (p. 3)". As dimensões citadas vão ao encontro visão estabelecida dos caminhos metodológicos que visem a construção princípio integrador.

Ressalta-se alguns destaques na fala do autor Vasconcellos (1992):

> Através destes três momentos, que, como vimos, correspondem mais a três preocupações do educador, temos a orientação para o processo de construção do conhecimento em sala de aula. Não é tanto a seqüência rígida dos momentos que está em questão, mas o passar por todos eles, ou seja, o movimento entre os momentos (p. 3)
>
> O método dialético de conhecimento em sala de aula se pauta, pois, pela construção do conhecimento a partir do movimento do pensamento que vai do abstrato (enquanto indeterminado, com relações não apreendidas) ao concreto (de pensamento) [...] Este método não deve ser pensado em termos de uma aula; sua aplicação demanda um conjunto de aulas, a totalidade de um curso. (p. 4).

Com este viés, o referido instrumento pretende fugir do modelo tradicional de planejamento com apenas a descrição de objetivos, metodologias e avaliação etc, permitindo que o professor seja capaz de construir um planejamento aberto, saindo da perspectiva didática normativa.

Considera-se ainda que este instrumento possa ser utilizado como norteador das ementas e planos de ensino, haja vista que o PPC do curso em questão está em processo de reformulação, podendo assim, assegurar teoricamente, o princípio integrador.

O INSTRUMENTO

Com o intuito de auxiliar o professor a refletir sobre sua própria prática e ainda assim, com que ele permeie o princípio integrador, almejando um Ensino Médio Integrado mais próximo do ideal, pensou-se em um instrumento baseado uma ficha de planejamento de aula, dito tradicional, e em cima desta ficha, reconstruir um planejamento com o enfoque nos processos metodológicos.

Plano de aula dito tradicional

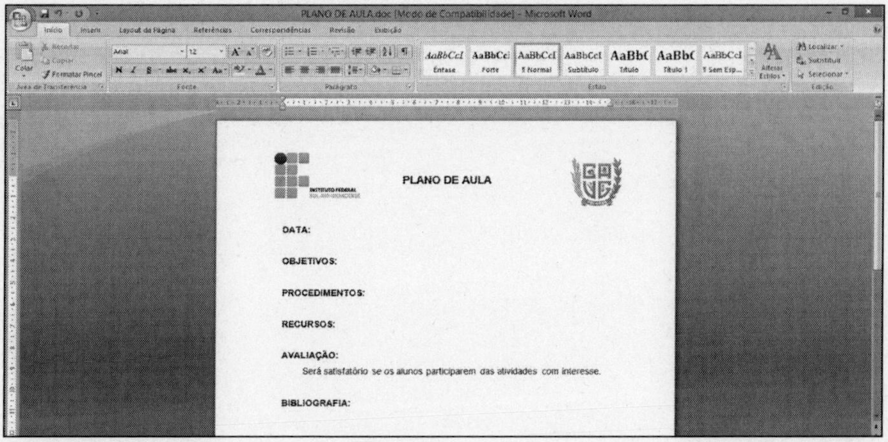

PRINCÍPIOS METODOLÓGICOS E AÇÕES

1. Mobilização do conhecimento

- Como vou buscar a atenção dos alunos para este assunto? (Resposta do Professor (RP): conhecimentos prévios)
- Este assunto tem significado para uma reflexão pessoal do alunos? Contribuirá de alguma forma para a formação como técnico? (CONSIDERAR: favorecerá o caráter ativo do aluno – dar significado "porque tenho que aprender isso"?)
- Como vou articular a realidade-objetivo-mediação? (CONSIDERAR: realidade do grupo; ter clareza dos objetivos; desenvolver uma prática significativa)
- Como vou motivar os alunos? (CONSIDERAR: assunto-forma a ser trabalhado-relações interpessoais)
- Como devo apresentar o objeto a ser explorado? (CONSIDERAR: propiciar contato com o objeto do conhecimento)

2. Construção do conhecimento

- Quais são as relações que compõem o objeto do conhecimento? (CONSIDERAR: análise das relações)
- O que é necessário (ou em que nível) aprofundar para formar um técnico em Agropecuária? (CONSIDERAR: um momento para aprofundar o tema e metodologia que melhor se adapta aquele grupo de alunos ou ao tema)
- Essa proposta é significativa aos alunos? Existe necessidade de aprender isso? Como será representado esse conhecimento? Qual é a finalidade deste conhecimento para este grupo específico de alunos? (CONSIDERAR: buscar a história deste conhecimento)
- Como vou articular este conhecimento para que eu não apresente de forma desarticulada aos alunos? (CONSIDERAR: relação com a prática social que deu origem a este conhecimento)
- Como vou problematizar este conhecimento? (CONSIDERAR: desencadear a ação da constituição do conhecimento)
- Como vou explorar de forma crítica este conhecimento? (CONSIDERAR: buscar e questionar as verdades das "coisas")

- Como vou articular esse conhecimento local em total? (CONSIDERAR: para recuperar o significado do conhecimento, deve-se articular com a totalidade)
- Como vou promover a articulação professor-aluno-objeto? (CONSIDERAR: levantar situações problema que estimulem o aluno)

3. Elaboração as síntese do conhecimento

- Como vou sintetizar e organizar o conhecimento que o aluno produziu durante o período estipulado? (CONSIDERAR: o aluno deve ter oportunidade de sistematizar o conhecimento que vem adquirindo e expressá-lo concretamente).

REFERÊNCIAS

AGRANIONIH, NeilaTonin. A teoria da transposição didática e o processo de didatização dos conteúdos matemáticos. **EDUCERE – Revista de Educação**, Toledo, v. 1, n. 1, jan./jun. 2001. Disponível em: http://revistas.unipar.br/educere/article/view/812 Acesso em: 22 fev. 2015.

ALMEIDA, Geraldo Peçanha. **Transposição didática**: por onde começar? 2. ed. São Paulo: Corteza, 2011. 71p.

ALMEIDA, Telma Teixeira de Oliveira. Corpo. *In:* FAZENDA, Ivani Catarina Arantes (org.). **Interdisciplinaridade**: pensar, pesquisar intervir. São Paulo: Cortez, 2014. 285p.

ANDRÉ, Marli Eliza Dalmazo Afonso de. **Estudo de caso em pesquisa e avaliação educacional**. 3. ed. Liber Livro: Brasília, 2008. p. 68.

BARDIN, Laurence. **Análise de Conteúdo**. 3. ed. Edições 70: Lisboa, 2004. p. 223.

BARDIN, Laurence. **Análise de Conteúdo**. Edições 70: Lisboa, 2011. p. 279.

BAUER, Martin W.; GASKELL, **George. Pesquisa qualitativa com texto, imagem e som**: um manual prático. 7. ed. Vozes: Rio de Janeiro, 2008. p. 516.

BODGAN, Robert; BIKLEN, Sari. **Investigação qualitativa em educação**: introdução à teoria e aos métodos. Portugal: Editora Porto, 1994.

BRASIL. Portaria MEC nº 7, **Dispõe sobre o mestrado profissional no âmbito da Fundação Coordenação de Aperfeiçoamento de Pessoal de Nível Superior – CAPES**, 22 de junho de 2009. Disponível em: https://www.capes.gov.br/images/stories/download/legislacao/Revogada-Portaria-Normativa-n_7-22-de-junho-2009-Mestrado-Profissional.pdf Acesso em: 26 nov. 2015.

CELLAR, André. A análise documental. *In:* POUPART, Jean *et al.* **A pesquisa qualitativa**: Enfoques epistemológicos e metodológicos. 4. ed. Petrópolis: Vozes, 2014. p. 464.

CIAVATTA, Maria. A formação integrada: a escola e o trabalho como lugares de memória e de identidade. *In:* **Ensino Médio Integrado**: Concepções e Contradições. 3. ed. São Paulo: Cortez, 2012. 175p.

CIAVATTA, Maria. Os centros federais de educação tecnológica e o ensino superior: duas lógicas em confronto. **Educ. Soc.**, Campinas, v. 27, n. 96 – Especial, p. 911- 934, 2006. Disponível em: http://www.scielo.br/pdf/%0D/es/v27n96/a13v2796.pdf Acesso em: 26 nov. 2015.

CIAVATTA, Maria; RAMOS, Marise. Ensino Médio e Educação Profissional no Brasil: Dualidade e fragmentação. **Revista Retratos da Escola**, Brasília, v. 5, n. 8, p. 27-41, 2011. Disponível em: http//www.esforce.org.br Acesso em 19.05.2015.

ESTEBAN, Maria Paz Sandín. **Pesquisa qualitativa em Educação**. Trad. Miguel Cabrera. Artmd: Porto Alegre, 2010. p. 268.

FAZENDA, Ivani Catarina Arantes. **Interdisciplinaridade**: qual o sentido? São Paulo: Paulus, 2003.

FERREIRA, Eliza Bartolozzi; GARCIA, Sandra R. de Oliveira. O ensino médio integrado à educação profissional: um projeto em construção nos estados do Espírito Santo e do Paraná. *In:* **Ensino Médio Integrado**: Concepções e Contradições. 3. ed. São Paulo: Cortez, 2012. 175p.

FRANCO, Maria Laura P. Barbosa. **Ensino Médio**: desafios e reflexões. Campinas: Papirus editora, 1994. p. 185.

FRIGOTTO, Gaudêncio; CIAVATTA, Maria; RAMOS, Marise (orgs.). **Ensino Médio Integrado**: Concepções e Contradições. 3. ed. São Paulo: Cortez, 2012. 175p.

GALVÃO, Sarah Fantin de O. Leite. Consciência. *In:* FAZENDA, Ivani Catarina Arantes (org.). Interdisciplinaridade: pensar, pequisar intervir. São Paulo: Cortez, 2014. 285p.

GIL, Antonio Carlos. **Como elaborar projetos de pesquisa**. 4. ed. São Paulo: Editora Atlas, 2008. p. 175.

INSTITUTO FEDERAL DE EDUCAÇÃO, CIÊNCIA E TECNOLOGIA SUL-RIO-GRANDENSE. **Projeto Pedagógico de Curso**, 2010.

INSTITUTO FEDERAL DE EDUCAÇÃO, CIÊNCIA E TECNOLOGIA SUL-RIO-GRANDENSE. **Projeto Pedagógico Institucional**, 2012. Disponível em: http://www.ifsul.edu.br/index.php?option=com_docman&Itemid=81 Acesso em: 20 jan. 2015.

LAKATOS, A. M.; MARCONI, M. A. **Fundamentos de metodologia científica**. 3. ed. São Paulo: Atlas, 1993.

LUDKE, Menga; ANDRÉ, Marli E. D. A. **Pesquisa em Educação**: Abordagens Qualitativas, EPU, São Paulo, 1986. p. 99.

MARANDINO, Martha; SELLES, Sandra Escovedo; FERREIRA, Márcia Serra. **Ensino de Biologia**: Histórias e práticas em diferentes espaços educativos. Cortez: São Paulo, 2009. 215p.

MINAYO, Maria Cecília de Souza. **O desafio do conhecimento pesquisa qualitativa em saúde**. Editora de Humanismo, São Paulo (1992), 269p.

MORAES, Roque. Análise de Conteúdo. **Revista Educação**. v. 22, n. 37, p. 7-32, 1999. Disponível em: http://cliente.argo.com.br/~mgos/analise_de_conteudo_moraes.html Acesso em: 21 mar. 2015.

MOREIRA, Marco Antônio; MASINI, ElcieSalzano. **Aprendizagem Significativa**: A teoria de David Ausubel. 2. ed. São Paulo: Centauro, 2001. 111p.

POUPART, Jean. A entrevista de tipo qualitativo: considerações epistemológicas, teóricas e metodológicas. *In:* POUPART, Jean et. Al. **A pesquisa qualitativa**: Enfoques epistemológicos e metodológicos. Petrópolis: Editora Vozes, 2008.

RAMOS, Marise Nogueira. **Concepção do ensino médio integrado à educação profissional**. 2007. Disponível em: http://www.iiep.org.br/curriculo_integrado.pdf Acesso em: 20 jan. 2015.

RAMOS, Marise Nogueira. O Ensino Médio ao longo do século XX: um projeto inacabado. p. 229-242, *In:* STEPHANOU, Maria; BASTOS, Maria Helena Camara. **Histórias e Memórias da Educação no Brasil**. 4. ed., v. III, Petrópolis: Vozes, 2011. 435p.

RAMOS, Marise Nogueira. Possibilidades e desafios na organização do currículo integrado. *In:* **Ensino Médio Integrado**: Concepções e Contradições. 3. ed. São Paulo: Cortez, 2012. 175p.

RANGHETTI, Diva Spezia. Conceito. *In:* FAZENDA, Ivani Catarina Arantes (org.). **Interdisciplinaridade**: pensar, pesquisar intervir. São Paulo: Cortez, 2014. 285p.

SANTOS, Boaventura de Sousa. **Um Discurso sobre as Ciências**. 7. ed. São Paulo: Cortez, 2010. p. 92

SANTOS, Jailson Alves dos. A trajetória da Educação Profissional. p. 205-224, *In:* LOPES, Eliane Marta Teixeira; FARIA FILHO; Luciano Mendes; VEIGA, Cynthia Greive (org.). **500 Anos de Educação no Brasil**. 5. ed. Belo Horizonte: Autêntica, 2011. 606p.

SEVERINO, Antônio Joaquim. **Metodologia do Trabalho Científico**. 23. ed. São Paulo: Cortez, 2007. 304p.

SOUZA FILHO, Tarquino. **O Ensino Technico no Brasil**. Imprensa Nacional: Rio de Janeiro, 1887. p. 243 Disponível em: http://www2.senado.leg.br/bdsf/item/id/242353. Acesso em 30 jul. 2015.

SZYMANSKI Heloisa; ALMEIDA, Laurinda Ramalho de, BRANDINI, Regina Célia Almeida Rego. **A entrevista na pesquisa em educação**: a prática reflexiva. Liber Livro Editora, Brasília, 2004. 87p.

TRIVIÑOS, Augusto Nibaldo Silva. **Introdução à pesquisa em Ciências Sociais**: A pesquisa qualitativa em educação. São Paulo: Atlas, 2015. p. 175.

UNIVERSIDADE FEDERAL DE PELOTAS. **Projeto Pedagógico**. S.d. Disponível em: http://www.ppgecm.ufpel.edu.br/documentos/proj-pedagogico.pdf Acesso em: 27 nov. 2015.

VASCONCELLOS, Celso. Metodologia dialética em sala de aula. **Revista de Educação AEC**. n. 83. 1992. Disponível em: http://www.uel.br/graduacao/odontologia/portal/pages/arquivos/NDE/METODOLOGI A%20DIAL%C3%89TICA%20EM%20SALA%20DE%20AULA.pdf Acesso em: 29 nov. 2015.

APÊNDICES

APÊNDICE A – TERMO DE CONSENTIMENTO LIVRE E ESCLARECIDO

PPGECM
PROGRAMA DE PÓS GRADUAÇÃO EM ENSINO DE CIÊNCIAS E MATEMÁTICA
MESTRADO PROFISSIONAL · UFPEL

MINISTÉRIO DA EDUCAÇÃO
UNIVERSIDADE FEDERAL DE PELOTAS
PROGRAMA DE PÓS-GRADUAÇÃO EM ENSINO DE CIÊNCIAS E MATEMÁTICA – MESTRADO PROFISSIONAL

TERMO DE CONSENTIMENTO LIVRE E ESCLARECIDO

Prezado(a) Professor(a)

Dirigimo-nos a você para convidá-lo(a) a colaborar, juntamente com os demais professores de Biologia do Curso Técnico em Agropecuária, bem como os professores da Área Técnica, com o projeto intitulado **"A TRANSPOSIÇÃO DIDÁTICA DO PRINCÍPIO INTEGRADOR NA EDUCAÇÃO PROFISSIONAL DE NÍVEL MÉDIO: UM ESTUDO DE CASO REFERENTE AO ENSINO DE BIOLOGIA"**, vinculado ao

Programa de Pós Graduação em Ensino de Ciências e Matemática – Mestrado Profissional, com o objetivo de "verificar em que medida ocorre a transposição didática do princípio metodológico integrador no que se refere ao Ensino de Biologia no Curso Técnico em Agropecuária de nível Médio Integrado".

Cabe destacar que será mantido o sigilo sobre a autoria dos trechos selecionados para análise, ou seja, no texto final da dissertação ou em quaisquer espaços de divulgação posterior como eventos e/ou revistas científicas.

Reitere-se que sua participação na pesquisa é voluntária, lhe sendo facultativa a adesão. Sua recusa não trará nenhum prejuízo em sua relação com o pesquisador ou com a instituição em que se desenvolve o estudo.

Esclarecimentos adicionais sobre o teor dessa pesquisa e/ou sobre seus procedimentos metodológicos poderão ser obtidos junto ao pesquisador responsável, e demais membros da equipe, a qualquer momento. Desde já agradecemos!

Gabriela Rodrigues Manzke Mestranda – PPGECM/FAE/UFPel
E-mail: grmanzke@gmail.com

Pelotas,___de_____________de 2015.

Declaro estar ciente do teor deste TERMO DE CONSENTIMENTO e estou de acordo em participar de estudo proposto, sabendo que dele poderei a qualquer momento, sem sofrer qualquer punição ou constrangimento.

____

Sujeito de pesquisa

APÊNDICE B – ROTEIRO DE ENTREVISTA PARA OS PROFESSORES DA AFG

MINISTÉRIO DA EDUCAÇÃO
UNIVERSIDADE FEDERAL DE PELOTAS
PROGRAMA DE PÓS-GRADUAÇÃO EM ENSINO DE CIÊNCIAS E MATEMÁTICA

ROTEIRO DE ENTREVISTA – Professores AFG

1. Dados de Identificação

Nome:_______________________________________Identificação: ____
E-mail _______________________________________

BLOCO 1 – Formação Inicial

- Graduação – Tempo de Magistério
- Porque a escolha de ser professor?
- Como percebes a formação inicial naquele momento? Saiu preparado para ser professor? Por quê?

BLOCO 2 – Formação Continuada

- Especialização, Mestrado, Doutorado (ano de conclusão, área, instituição)
- Porque a escolha da referida área da FC?
- Contribui para a atuação no CaVG enquanto professor?

BLOCO 3 – Experiência

- Já trabalhou na rede municipal? Estadual? Particular? Quanto tempo?
- Como foi a experiência nestas redes?
- No CaVG, em quais cursos já atuou? E atualmente? Foi escolha própria ou determinação da escola?

- Qual a metodologia predominante na sala de aula de hoje? Tem alguma relação com sua formação inicial?
- Tua formação contribui para as tuas aulas? De que forma?

BLOCO 4 – CaVG

- Como percebes o Ensino de Biologia na formação integrada de um curso de formação profissional técnica?
- Na tua concepção qual o objetivo da formação do CaVG? Enem e/ ou trabalho?
- Como caracterizarias o propósito de uma formação de Ensino Médio Integrado?
- Em que cursos atuas? E qual é a importância do Ensino de Biologia nestes cursos técnicos?
- Com que frequência constróis teu plano de ensino? O segues durante o período proposto? Quais critérios usas para construir o plano?
- Tens algum documento norteador para a construção do plano de ensino (PPC, PCN, livro didático...)?
- Como é a dinâmica na escolha dos conteúdos a serem trabalhados? Quais os critérios de seleção?
- Esta escolha é realizada em conjunto com os demais colegas professores de Biologia que atuam no Ensino Médio?
- A disciplina de Biologia é planejada com o apoio dos demais professores do curso técnico em que está inserida? Se sim, de que forma?
- Nesta disciplina são trabalhados conceitos científicos? De que forma? Integrados aos conceitos dos cursos? Se sim, de que forma ocorre essa integração?
- Conheces o termo Alfabetização Científica? Descreve.
- E Alfabetização Biológica? Descreve.
- Existem planos de aula? Como são construídos? O que levas em conta? (perfil da turma, perfil do curso, novidades...)
- Como ocorre a tua aula de Biologia? Há participação dos alunos? De que forma?
- Os conhecimentos prévios dos alunos são considerados no planejamento? Se sim, de que forma?
- Tu consideras que as metodologias adotadas privilegiam a utilização dos conceitos da Biologia para a compreensão dos fenômenos naturais e sociais de uma forma mais ampla?

2. CONSIDERAÇÕES/INFORMAÇÕES RELEVANTES

APÊNDICE C – ROTEIRO DE ENTREVISTA PARA OS PROFESSORES DA AFT

MINISTÉRIO DA EDUCAÇÃO
UNIVERSIDADE FEDERAL DE PELOTAS
PROGRAMA DE PÓS-GRADUAÇÃO EM ENSINO DE CIÊNCIAS E MATEMÁTICA

ROTEIRO DE ENTREVISTA – ÁREA TÉCNICA

1. Dados de Identificação

Nome: ______________________________________Identificação:____
E-mail ______________________________________

BLOCO 1 – Formação Inicial

- Graduação – Tempo de Magistério
- Porque a escolha de ser professor?

BLOCO 2 – Formação Continuada

- Especialização, Mestrado, Doutorado (ano de conclusão, área, instituição)
- Porque a escolha da referida área da FC?
- Contribui para a atuação no CaVG enquanto professor?

BLOCO 3 – Experiência

- Antes do ingresso no CaVG, já havias trabalhado em outra(s) instituição(ões) de ensino?
- Ou desenvolveu algum trabalho relacionado ao ensino?
- Qual a metodologia predominante na sala de aula de hoje? Tem alguma relação com sua formação inicial?

BLOCO 4 – CaVG

- Na tua concepção qual o objetivo da formação do CaVG? Enem e/ ou trabalho?
- Como caracterizarias o propósito de uma formação de Ensino Médio Integrado?
- Como percebes o Ensino de Biologia na formação integrada de um curso de formação profissional técnica?
- Existe alguma relação da sua disciplina com a disciplina de Biologia?
- Qual é a importância do Ensino de Biologia no Curso de Agropecuária?
- Com que frequência constróis teu plano de ensino? O segues durante o período proposto? Quais critérios usas para construir o plano?
- Tens algum documento norteador para a construção do plano de ensino (PPC, PCN, livro didático...)?
- Como é a dinâmica na escolha dos conteúdos a serem trabalhados? Quais os critérios de seleção?
- Esta escolha é realizada em conjunto com os demais colegas professores a Área Técnica?
- Conheces o termo Alfabetização Científica? Descreve.
- Existem planos de aula? Como são construídos? O que levas em conta? (perfil da turma, perfil do curso, novidades...)
- Como ocorre a tua aula? Há participação dos alunos? De que forma?
- Os conhecimentos prévios dos alunos são considerados no planejamento? Se sim, de que forma?

2. CONSIDERAÇÕES/INFORMAÇÕES RELEVANTES

APÊNDICE D – ROTEIRO DE ENTREVISTA PARA O COORDENADOR DO CURSO TÉCNICO EM AGROPECUÁRIA

MINISTÉRIO DA EDUCAÇÃO
UNIVERSIDADE FEDERAL DE PELOTAS
PROGRAMA DE PÓS-GRADUAÇÃO EM ENSINO DE CIÊNCIAS E MATEMÁTICA

ROTEIRO DE ENTREVISTA – COORDENADORA

1. Dados de Identificação

Nome:____Identificação:_____
E-mail ____

BLOCO 1 – Formação Inicial

- Graduação – Tempo de Magistério
- Porque a escolha de ser professor?

BLOCO 2 – Formação Continuada

- Especialização, Mestrado, Doutorado (ano de conclusão, área, instituição)
- Porque a escolha da referida área da FC?
- Contribui para a atuação no CaVG enquanto professor?

BLOCO 3 – Experiência

- Antes do ingresso no CaVG, já havias trabalhado em outra(s) instituição(ões) de ensino?
- Ou desenvolveu algum trabalho relacionado ao ensino?

- Qual a metodologia predominante na sala de aula de hoje? Tem alguma relação com sua formação inicial?

BLOCO 4 – CaVG

- Poderias me sintetizar a história do Curso Técnico em Agropecuária dentro do CaVG?
- De forma histórica como é construído o PPC do Curso Técnico em Agropecuária – Modalidade Integrada? E dos demais cursos técnicos do Câmpus, tens conhecimento?
- Como foi construído o PPC do curso que está em vigência? Houve participação dos colegas da Área Técnica? E da Área Propedêutica?
- Na tua concepção qual o objetivo da formação deste curso? Ele se confirma com a saída dos egressos?
- Sabes me dizer, em números, quantos egressos seguem a carreira técnica e quantos seguem a carreira acadêmica? E se existe alguma justificativa para estes números?
- Em termos de relação profissional entre professores, como ocorre entre a Área Técnica e a Área Propedêutica?
- Existem reuniões em que sejam discutidos temas relacionados ao Ensino Médio Integrado? A formação integrada destes alunos?
- Os conteúdos selecionados para serem trabalhados na Área Técnica seguem algum documento norteador? Se não, como são selecionados?

2. CONSIDERAÇÕES/INFORMAÇÕES RELEVANTES

ÍNDICE REMISSIVO

SOBRE O LIVRO
Tiragem: 1000
Formato: 16 x 23 cm
Mancha: 12,3 X 19,3 cm
Tipologia: Times New Roman 11,5/12/16/18
Arial 7,5/8/9
Papel: Pólen 80 g (miolo)
Royal Supremo 250 g (capa)